무아, 그런 나는 없다

무아, 그런 나는 없다

1판 1쇄 인쇄 2023. 5. 25.
1판 1쇄 발행 2023. 6. 8.

지은이 홍창성

발행인 고세규
편집 김동현 **디자인** 박주희 **마케팅** 윤준원 · 정희윤 **홍보** 최정은
발행처 김영사
등록 1979년 5월 17일(제406-2003-036호)
주소 경기도 파주시 문발로 197(문발동) 우편번호 10881
전화 마케팅부 031) 955-3100, 편집부 031) 955-3200 | **팩스** 031) 955-3111

값은 뒤표지에 있습니다.
ISBN 978-89-349-4303-7 03100

좋은 독자가 좋은 책을 만듭니다.
김영사는 독자 여러분의 의견에 항상 귀 기울이고 있습니다.

홈페이지 www.gimmyoung.com **블로그** blog.naver.com/gybook
인스타그램 instagram.com/gimmyoung **이메일** bestbook@gimmyoung.com

무아, 그런 나는 없다

無
我

나는 정말 확고부동한 존재인가

홍
창
성

김영사

들어가는 말

우리는 스스로의 존재를 의심하지 않는다. 이 몸은 내 몸이고, 이 마음은 내 맘이다. 즐거워도 내가 즐겁고, 슬퍼도 내가 슬프다. 살아가며 행복하고 불행한 사람은 바로 나다. 아니라면 어느 누가, 아니 무엇이 그렇다는 말인가. 내가 존재하지 않는다면 어떻게 내 몸과 마음이 있고 또 내 감정과 느낌이 가능하겠는가. 자기 자신의 존재에 대한 의심은 시간 많은 한량이나 엉뚱한 철학자의 소일거리 정도로 치부되기 십상이다.

세계의 주요 종교는 대부분 '진정한 나'인 영혼의 존재를 믿는다. 자신의 영혼을 꽉 붙들고 잘 보살펴 신에게 구원받아 행복해지기 위해 신앙생활을 한다. 그런데 믿기 어렵게도 붓다는 그런 '나'가 존재하지 않는다는 '무아無我'를 가르치며 정반대의 길을 간다. 불교는 '진정한 나'나 영혼 같은 것은 없으므로 우리는 모두 자신을 스스로 내려놓아야 자유롭고 행복해진다고 가르친다. 불교와 나머지 세계종교 가운데 어느 쪽이 옳을까?

힌두교, 기독교 그리고 이슬람 모두 '진정한 나'인 영혼을 믿으니까, 3대 1로 불교가 지게 되나? 진리가 이렇게 다수결로 결정되면 여러모로 편할 수도 있겠지만, 그렇게 되기에는 반례가 너무 많다. 본 저술은 불교의 무아론으로 '나의 존재'를 비판적으로 검토하고 논의하는 작업을 위주로 한다. 점잖게 말해서 논의이지, 실은 격파가 그 목표다.

책은 짧을수록 좋다고 생각한다. 이 바쁜 세상에 두꺼운 책 끼고 있을 시간이 없기 때문이다. 그래서 이 책은 하루 이틀 안에 쉽게 읽어내릴 수 있는 분량과 스타일로 되어있다. 그러나 내용은 여러 날 곰곰이 생각해볼 만큼 진지하다. 세계의 다른 주요 종교에 도전하는 무아와 같이 중요한 주제는 접근하기 쉽게 만들 수는 있어도 그 논의 내용을 가볍게 처리하기는 불가능하다.

이 책은 주석을 달지 않고 인용부호를 편하게 사용하는 등 읽기에 불편한 장치는 가능하면 피했다. 진지한 주제를 다루다 보니 혹시 집중도가 떨어질까 싶어서 다소 적극적인(공격적인?) 서술방식과 젊은 세대가 선호할 표현을 쓰기도 했다. 독자가 친근하게 느끼도록 서술해야 책을 쓰는 자의 예의라고 판단해서였다. 그래서 어르신들께서 무례하다고 여기실 만한 부분이 있다면 널리 양해해 주시기를 미리 부탁드린다.

1장은 '나는 누구인가'라는 흔한 질문이 사실은 문법이 꼬인 잘못된 물음이라는 분석으로 논의를 시작한다. 이 질문을 바로잡은 다음에 '진정한 나'가 존재한다면 그것은 과연 무엇일까를 검토한다.

2장에서는 자아와 혼 그리고 인격체를 비교 및 대조하면서 자아가 무엇인가를 더 선명히 이해한다. 그리고 우리가 알고 있는 자아 또는 영혼이 개념적으로 모순이라고 밝히며 자아나 영혼이 존재할 수 없다고 논의한다.

3장에서는 역사상 붓다가 직접 제시한 무상으로부터의 논증과 비재귀성非再歸性 원리로부터의 논증을 통해 무아를 증명하는 과정을 소개하고 설명한다. 또 붓다의 연기법을 통해서도 무아를 논증할 수 있음을 보인다.

4장에서는 서양현대철학의 논의와 통찰을 이용하여 붓다의 무아를 여러 각도에서 논증한다. 형이상학과 심리철학 그리고 언어철학의 논의가 도입된다.

5장은 불교의 무아론에 대한 서양철학의 가장 강력한 도전인 데카르트의 철학을 고려하고 논의한다. '나는 생각한다, 그러므로 나는 존재한다'라는 그의 명제가 옳다면 '나의 존재'를 부정하는 무아론은 중대한 도전에 직면한다. 그러나 필자는 데카르트의 견해가 오히려 무아론에 의해 반박된다고 논증한다. 그리고는 '부분이 모인 전체는 실재한다'라는 우리 일상의 상식이 무아론을 반박할 수 없음을 설명한다.

6장에서는 무아가 자유의 가르침이어서 나를 진정으로 자유롭게 한다고 논의한다. 그리고 불교가 비록 무아를 궁극적 진리로 여기지만, 우리가 성공적인 일상생활을 위해 필요한 인격체의 존재마저 부정하지는 않는다고 설명한다. 우리는 모두 공空한 인격체로 존재한다고 결론 내린다.

이 책의 아이디어를 제안해 주시고 값진 조언을 마다

하지 않으신 김영사의 고세규 대표님과 이 책이 나오도록 애써 주신 김영사의 임직원 여러분께 감사드린다. 그리고 언제나 마찬가지로 이 원고를 여러 차례 읽으며 세심한 코멘트를 아끼지 않은 유선경 교수께 특별한 감사의 말씀을 전한다.

2023년 5월 미국 미네소타에서

홍창성

나는 누구인가

1

'나는 누구인가?' — 참 근사하게 들리는 물음이다. 이런 질문을 하는 사람들은 보통 심각한 표정을 지으며 마치 어떤 심오한 질문을 던지는 듯 보이려 한다. 그러나 이 물음은 실은 당신이 관심을 기울일 필요가 없는 꽤 시시한 질문이다. 뭔가 굉장한 문제를 다루는 것처럼 보이는 철학적 물음은 질문자가 듣는 사람이 답변하기 곤란하게 일부러 문법을 꼬아 놓았기 때문에 그런 경우가 대부분이다. 사이비 철학이 흔히 그렇듯이 이 질문은 지적知的으로 살짝 사기를 쳐 놓아서 멋지게 보일 뿐이다. 사기가 아니라면, 질문자가 스스로 문제를 지적으로 혼동하고 있어서 그렇다.

독자는 위와 같은 질문에 당장 답변 못하더라도 위축

되거나 고민에 빠질 필요가 없다. '나는 누구인가?'라는 물음이 당황스럽다면, 그것은 오히려 독자가 스스로 건강한 지성을 가진 사람이라는 증거다. 평생 철학을 공부하고 가르쳐 온 필자는, 이런 물음으로 먹고사는 좀 이상한 사람들에게 그냥 웃어주며 무시하고, 그 질문을 잊어버릴 것을 권한다. 그렇지만 '무아'라는 진지한 주제를 제목으로 한 이 책을 읽고 있는 독자는 분명 필자가 그렇게 추천하는 이유를 알고 싶은 진지한 지성인일 것이다. 필자는 그런 독자에게 이유를 설명할 의무가 있다. 이것은 요즘처럼 돈밖에 모르는 세상에서 삶에 성실하게 임하는 분에 대한 인간적 예의이기도 하다. 그래서 그 이유를 여러 방식으로 제시해 보겠다.

먼저 '나는 누구인가?'라는 질문을 영어로 번역하는 과정을 통해 그 문제점을 드러내 보이겠다. 외국어를 공부하는 여러 이유가 있겠지만, 그중 하나는 새로운 인생관과 세계관을 접하고 이해할 기회가 주어진다는 것이다. 다른 언어를 사용하는 사람은 다른 관점으로 삶과 세계를 바라보며 살아가기 때문이다. 번역기가 아무리 발달해도 독자가 직접 외국어를 배우면 좋은 이유가 여기 있다. 예를 들어, 사랑하는 연인이 서로 주어와 목적어를 모두 빼고 '사랑해'라고 말하며 스타일 넘치는 사랑을 주고받는 한국인과, 'I love you'라고 하며 다른 사람이 아닌 내가 다른 사람도 아닌 너를 사랑한다고 분명히 가르며 사랑하는 영어권 사람의 사랑이 같을 수는 없다. 또 영어의 'truth'는 우리말의 '진리'와 '진실' 가운데 '진실'에 더 가까운데, 이 때문에 영어권 사람은 '진리'에 해당하는 개념을 우리만큼 깨끗이 이해하지 못한다. 한편 영어의 'compassion'은 흔히 '자비'로 번역되는데, 이 말은 따뜻한 감정의 개입 없이 단지 '어려운 처지에 있는 사람을 배려하고 도와주는 덕목'의 의미이지만, 정작 많은 한국인은 '자비'가 그런 의미냐고 의아하게 생각할 것이다.

이제 '나는 누구인가'라는 질문을 영어권 사람은 어떻게 이해하고 접근할지 살펴보자. '나는 누구인가?'를 영어로 번역하면 'Who am I?'가 된다. 독자는 'Who are you?'가 '당신은 누구입니까?', 즉 '당신의 이름은 무엇입니까?'를 의미한다고 배웠다. 실제로 영어권 사람은 일상에서 'Who are you?'라는 질문으로 상대방의 이름을 묻는다. 물론 이 질문에 성실히 답하려면 자신의 이름을 밝히고 간단한 자기소개 정도를 곁들여 대답하기도 한다. 예를 들어, '내 이름은 알렉스입니다. 대학생이고요.'처럼 답한다. 상대방의 직업에 관해 묻는 경우에는 'What is your job?'이나 'What do you do for a living?'같이 묻는다. 예전에는 'What are you?'라고도 물었다지만, 요즘 이 질문은 '도대체 네 정체가 뭐냐?'나 '너는 뭐 하는 사람이냐?'처럼 다소 무례한 뉘앙스를 가진 질문이 되기 쉽다.

그러면 'Who am I?'라는 질문에 미국인이나 영국인은 일상에서 어떻게 반응할까? 영화 같은 곳에서 근사해 보이려고 문법을 꼬는 경우가 아니라면 영어에서 'Who'는 기본적으로 이름을 묻는 말이기 때문에, 그들은 이 질문을 무척 어색하게 여길 것이다. 누구라도 사고를 당했거나 인지장애가 와서 기억상실증에 걸리지 않은 한, 자신의 이름을 몰라 스스로 질문하는 사람은 없을 것이기 때문이다. 또 정상적인 경우 자신에 대한 간단한 소개 정도를 못 하는 사람도 없다. 그래서 '나는 누구인가?'라는 물음은 영어권 사람에게는 부자연스러운 질문이고, 이 물음에 우리가 당황해하는 이유는 실은 질문 자체가 엉터리이기 때문이다. 그래서 앞서 필자가 이런 질문은 그냥 웃어주며 무시하면 된다고 했던 것이다.

그런데 한국어로 '나는 누구인가?'하고 묻는 맥락을 좀 더 살펴보면, 이 질문은 'What am I?'에 더 가깝다. 이 질문은 이름을 묻고 있지 않다. 그보다는 스스로의 정체성이나 자신이 살아가는 이유 또는 목표로 지향하는 바가 무엇인가를 질문하고 있다. 그래서 '나는 누구인가?'보다는 '나는 무엇인가?'로 물어져야 하는 질문이다. '나는 누구인가?'라는 물음은 '누구'와 '무엇'의 의미를 적당히 섞어서 혼동을 초래하는 방식으로 만들어 놓은 질문이다. 그래서 듣는 이를 당황하게 만들고 그로부터 무엇인가를 얻어내려는 술수다. 필자가 앞에서 '사기'라는 단어를 사용한 이유가 바로 이거다. 만약 사기가 아니라면 지적으로 좀 덜 준비된 사람의 어수룩한 질문에 불과하다.

독자가 '나는 누구인가?'라는 질문을 '나는 무엇인가?' 또는 '나는 무엇이어야 하는가?'로 해석해 받아들인다면 답변이 그리 어려울 이유가 없겠다. 다른 사람도 아니고 당신 스스로에 대한 질문이니까 무례하지도 않다. '나는 학생이다. 학업에 충실해야 한다.' '나는 군인이다. 성실하고 용감하게 임무에 응해야 한다.' '나는 공

무원이다. 공명정대하게 업무를 처리해야 한다.' 등 사람에 따라 다양한 대답이 가능하다. 만약 독자가 아직 스스로의 인생관이나 진로에 대해 딱히 정해 놓은 바가 없다면, 그냥 시간을 두고 곰곰이 생각하며 차차 만들어나가면 될 일이다. 그래서 '나는 무엇이어야 하는가?'라는 물음에는 사기를 치는 것 같은 어떤 신비함이나 불필요한 심오함이 없다.

만약 독자에게 '나는 누구인가?'라는 질문이 오묘하게 들린다면, 그것은 이름을 묻는 '나는 누구인가?'와 인생관이나 진로를 찾는 '나는 무엇이어야 하는가?'가 교묘하게 뒤섞여 있기 때문이다. 답이 분명치 않은 이유는 질문이 엉터리이기 때문에 그런 경우가 대부분이다. '나는 누구인가?'의 경우에는 영어가 분석의 도구로 쓰였는데, 그 반대의 경우도 많다. 미국에는 'Jesus is truth'라는 일견 신비롭지만 실은 황당한 문장이 고속도로 광고판마다 등장한다. 이는 '예수가 가르친 바가 진리다'와 '예수의 (영원불변한) 존재는 진실이다'라는 두 의미를 교묘하게 섞어놓은 엉터리 문장이다. 그래서 멋지게(?) 들린다. 실은 고대 인도어에서 비롯된 불교의 '법法

(dharma)이라는 말도 진리와 진실(또는 진정한 존재자)을 동시에 의미해서 우리에게 혼란을 일으켜 왔다.

세계의 거의 모든 종교가 반대하겠지만, 필자는 신비하고 심오하고 오묘하고 난해하게 느껴져야 굉장한 진리라는 생각을 하루라도 빨리 버려야 한다고 본다. 진리는 무미건조하고 진실은 재미없기 마련이다. 서양에는 산과 들과 시내에 깃들어 살던 모든 요정과 정령 그리고 천상을 날던 수많은 신을 가장 참혹하게 죽여 버린 이가 근대 물리학을 완성한 뉴턴Isaac Newton(1643~1727)이라는 농담이 있다. 뉴턴은 수학이라는 강력한 지적 도구를 사용해 당시까지 알려진 모든 물리현상을 완벽하게 설명하고 예측해 냈다. 달에서 행복하게 방아를 찧던 토끼가 그의 물리학에 의해 사라졌다는 사실을 독자는 아시는가? 뉴턴은 천상에 있다고 믿던 근사한 것들 모두가 지구상에서 당신이 접하는 물체와 1도 다를 바 없다는 점을 수학으로 깨끗이 증명했다. 그럼으로써 하늘의 신들을 전멸시켰다. 인류가 가진 지식 가운데 진리에 가장 가깝다고 평가되는 수학과 과학은 이토록 잔인하기까지 하다. 신비, 심오, 오묘, 따뜻하고 포근함 – 좀 미안한 이야기지만, 독자가 만약 진리에 대해 이런 것들을 기대한다면 꿈을 좀 깨야 하겠다.

지금까지 개념적 혼동의 기원을 살펴보았으니, 이제부터는 '나'의 문제를 본격적으로 논의해 보기로 제안한다. 함께 질문해 보자. 나는 무엇인가? 아니, 이 질문보다 내가 과연 존재하는가를 먼저 물어봐야 한다. 내가 존재한 다음에야 무엇이 될 수도 있기 때문이다. 그런데 혹자는 내가 이렇게 분명히 존재한다고 느끼고 있는데 무엇하러 '나의 존재'에 관해 물어야 하냐고 반문할 수도 있겠다. 그러나 내가 느낌으로 나의 존재를 확신한다고 해서 내가 반드시 존재하는 것은 아니다. 마치 인류가 지구는 평평하고 태양이 지구의 주위를 돈다는 느낌으로 오랜 시간을 보냈지만 그 반대가 진리였던 것처럼, 단지 내가 존재한다는 느낌만으로는 나의 존재가 증명될 수 없다. 그러면 다른 어떤 방법으로 그 존재를 증명할 수 있을까?

'나의 존재'와 같이 근사해 보이는 엄청난 철학적 문제를 다루려면, 실은 좀 작고 구체적인 문제로부터 집요하게 파고들 필요가 있다. 마치 큰 얼음덩이도 작은 송곳으로 쪼아 나누듯이 말이다. 이제 그 작업을 함께 시작하자. '나의 존재'가 정말로 확고부동한 진리라면, 이 진리는 다음과 같은 조건을 충족해야 한다.

(1) 나는 '나'라는 단어가 가리키는 바로 그것이다.

(2) 환갑을 맞은 나와 내 손에 있는 오래된 흑백사진 속 어린 나는 같은 사람이다. 나는 시간이 흘러도 동일한 나이다.

(3) 나는 나 이외의 모든 사람이나 사물과 구별된다. 그리고 그렇게 구별되는 나만의 고유한 속성이 있다.

(4) 나는 내 몸을 조종하고 내 의지와 감정 등의 의식상태를 조절하는 주체이다.

큰 얼음덩이를 네 조각으로 쪼갰으니, 이제 각 조각을 하나씩 살펴보겠다.

(1) 독자가 '나'라고 말할 때 그 말이 지칭하는 것이 바로 독자인가? ― 쉽게 생각하면, 그런 것 같다. 그런데 그 '나'는 구체적으로 독자의 어느 부분을 가리키는가? 우리 한국인은 보통 '나'라고 말하며 자신의 가슴에 손을 얹기도 하는데, 그렇다면 그 '나'는 당신의 가슴 또는 심장인가? 독자의 심장이 독자일까? 글쎄, 수천 년 전 뇌와 심장의 기능을 모르고 살았던 우리 조상이라면 모를

까, 오늘날까지도 자신의 심장이 자신이라고 믿는 사람은 거의 없다. 게다가 이 견해는 독자가 심장 수술을 받거나 심장을 이식받는다면 독자가 부분적으로 독자가 아니게 되거나 전적으로 다른 사람이 된다는 엉뚱한 이야기가 되고 만다.

다른 문화권 사람은 '나'라고 말할 때 자신의 머리를 가리키기도 한다. 그러면 나의 뇌가 나인가? 우리는 뇌의 부분 부분이 의식과 신체활동의 여러 다른 부분을 담당한다고 알고 있다. 예를 들어 나의 뇌 한 부분이 정상 기능을 수행하지 못하면 몸에 이상이 생기거나 반신불수가 되기도 한다. 그런데 이런 경우 나는 내가 아니게 되는가? 한편 뇌 한 부분의 기능 저하로 추리력 같은 인지기능 일부를 잃는다면 나는 내가 아니게 되는가? 모두 답변하기 곤란한 문제들이다. 또한 뇌가 나라면 뇌의 얼마만큼이 나인가? 이미 잘 알려져 있듯이, 사고 등으로 뇌 일부가 손상되거나 절제된 경우에도 시간이 지남에 따라 뇌의 다른 부분이 상한 부분의 기능을 대체하여 전체적으로는 뇌의 정상적인 기능을 회복하곤 한다. 이러한 사실은 원래의 뇌에서 잃어버린 부분이 뇌 기능을 수행하는 데 절대적으로 필요한 부분은 아니라는 말이 된다. 즉, 그 부분은 뇌를 구성하는 본질적 요소가 아니라고 판단해야 한다. 그렇다면 뇌의 얼마만큼의 부분이 진정한 나를 구성하는가를 규정하기 어렵다는 문제가 생긴다.

심장이나 뇌와 같이 전통적으로 중요하다고 여겨온 신체의 부분으로는 '나'라는 말의 지시체를 결정할 수 없다고 보인다. 그렇다면 나의 의지나 감정 같은 의식이 '나'가 가리키는 것인가? 의식은 신체의 특정 부분보다는 '나'에 더 가까울 것 같지만, 형체가 없다 보니 말로 가리켜진다고 보기 어렵다는 문제가 있다. 눈에 보이거나 손에 잡히지도 않는 무형의 존재가 어떻게 '나'의 지시체가 될 수 있을까? 게다가 21세기를 사는 우리는 '의식'이 뇌의 표면에서 일어나는 전기신호와 화학반응에 의존한다는 과학적 사실을 알고 있다. 그러면 그러한 전기신호와 화학반응이 나인가? — 그렇지는 않을 것이다. 뇌가 '나'의 지시체가 될 수 없는 만큼 의식도 '나'의 지시체가 된다고 보기 어려울 듯하다.

서양종교를 믿는 사람에게는 의외로 쉬운 답이 있다. 그에게는 그의 '영혼soul'이 바로 그이다. 그가 '나'라고 말할 때 그 말이 가리키는 것은 물론 의심의 여지 없이 그의 영혼이다. 수천 년 동안 영혼의 존재를 믿어 온 서양에는 '나의 존재'를 회의하는 사람이 거의 없다고 해도 과언이 아니다. 영원·불변·불멸하는 영혼을 믿지 않는 사람들에게는 '나의 존재'라는 문제가 중요한데, 서구인은 별로 고민해 본 적이 없다. 고민거리 하나 적어 좋을지 모르지만, 이들은 철학적으로 중대한 오류를 하나 범했다. 바로 '선결문제 요구의 오류'이다. 그들은 먼저 영혼의 존재를 경험적으로 분명히 확인하거나 논리적으로 투명하게 증명해 놓고 나서 그것을 믿어야 했는데, 제대로 된 노력도 결과도 없이 그냥 종교의 가르침으로 받아들였다. 말하자면, 영혼의 존재 여부의 문제를 먼저 해결해 놓았어야 했는데, 그렇게 하지 않은 채로 그냥 믿었다.

'나'라는 단어의 지시체가 나라면, 신체의 부분도, 의식도, 또 영혼도 그 지시체로서의 자격요건을 갖추지 못해 보인다. 그렇다면 '나'는 과연 무엇을 가리키는가? 혹시 가리키는 것이 없고, 따라서 실제로는 내가 존재하지 않는 것이 아닐까?

(2) 독자는 독자가 태어난 순간부터 지금까지 동일한 사람이라고 믿는다. 그리고 앞으로도 동일한 사람으로

살다가 동일한 사람으로 죽는다고 생각한다. 나이가 백 살이 되어도 빛바랜 흑백 백일사진을 가리키며 '이 아기가 바로 나야'라고 할 텐데, 이처럼 독자는 '불변하는 동일한 나'의 존재를 믿어 의심치 않는다. 그런데 과연 그렇게 '불변하는 나'가 있을까? 독자에게 있어서 절대 변하지 않는 것이 있다면 그것은 무엇일까?

생김새일까? — 물론 아니다. 어려서부터 노인이 될 때까지 사람의 외모는 많이 변한다, 가끔은 알아보기 힘들 정도로.

그래도 최소한 이름은 같지 않은가? — 아니다. 다양한 이유로 이름을 바꾸는 이들도 많다.

'사람은 변하지 않는다'라는 말이 있듯이 사람의 성품은 그대로이지 않은가? — 그렇지 않다. '전쟁을 겪은 후 그는 전혀 다른 사람이 되었다'라는 경우가 말해주듯이, 사람의 성품도 많이 변할 수 있다.

그래도 최소한 DNA는 그대로이지 않은가? — 아니다, 나이가 듦에 따라 DNA에도 변화가 생기며, 화학물질이나 방사선 등의 환경적 요인에 의해 더 급격히 변할 수도 있다.

굳건한 신앙이나 영원불변한 사랑이 있지 않은가? —

글쎄, 개종하는 사람과 변심하는 사랑이 얼마나 많은데 아직도 그런 소리를 하시나.

가족관계는? — 가족관계는 요즘뿐 아니라 옛날부터 얼마든지 변해 왔다, 등등.

서양종교는 영혼이 바로 독자가 가진 영원히 불변하는 그것이라며 또 신앙으로 주장할 것이다. 다시금 선결 문제 요구의 오류다. 오류를 근거 삼아 불변하는 독자의 존재를 뒷받침할 수는 없다. 아무리 생각해 보아도 독자에게 불변하는 것은 없다.

(3) 독자가 존재한다면, 독자를 독자 이외의 모든 사람 및 사물과 구별해 주는 고유한 속성이 있어야 한다. 이른바 '독자의 개별적 본질'이 있다는 말이다. 그런 본질이 있다면 과연 무엇일까?

철학적으로 본질이란 '어떤 것을 그것이게끔 해 주는 그 무엇'이라는 뜻이다. '이것 없이는 주어진 것이 그것이 아닌 것'이다. 우리가 잘 아는 '나는 생각한다, 그러므로 나는 존재한다'라는 유명한 명제를 남긴 데카르트는 물체의 본질은 외연外延, 즉 공간적 부피를 가진다는 것이고, 마음의 본질은 생각이라고 보았다. 하기야 공간적 부피 없는 물체는 없고 또 생각하지 않으면 마음일 수 없으니, 데카르트의 견해는 그런대로 옳다. 그런데 우리 논의에서 개별적 본질이란 이 세상에서 유일하게 그 사람만이 가지고 있는 본질로서, 이것은 다른 모든 사람의 본질과 구분되어야 한다. 지금 우리의 문제는 그런 개별적 본질이 있다면 그것은 무엇인가이다.

눈 색깔이나 입 모양 등 신체적 특징은 본질을 구성할 수 없다. 그것들 가운데 어느 것도 독자를 독자이게끔 해 주는 필연적 속성이 될 수 없기 때문이다. 그렇다고 신체적 특징 모두를 합친 것이 독자의 본질이 될 수도 없다. 신체적 특징은 계속 변하지만, 독자는 동일하게 남아 있다고 믿기 때문이다. 한편 신체적 특징 모두를 합쳐도 그것이 독자를 반드시 다른 모든 사람으로부터 구별해 주지도 않는다. 예를 들어 일란성 쌍둥이의 외모는 거의 유사하지만 그들은 두 다른 개체이고 개인이다. 게다가 복제인간이 만들어질 경우 독자의 수많은 복제인간으로부터 독자를 구별해 주는 신체적 특징은 전혀 없다. 그래서 독자의 어떤 신체적 특징도 독자를 다른 모든 이로부터 구분해 주는 본질이 될 수 없다.

그러면 의식적 특징이 독자의 본질일까? 의식적 특

성을 구성하는 의식내용도 동일하게 남아 있지 않고 끊임없이 변화해서 문제다. 그리고 독자와 동일한 뇌 구조를 가진 복제인간들을 독자와 동일한 환경에서 성장하고 살게 한다면 독자와 동일한 의식적 특징을 가질 것이기 때문에, 독자의 의식적 특성이 독자와 그들을 구별해줄 수 없다. 그래서 그것도 독자의 개별적 본질이 되지 못한다. 한편 어느 먼 미래에 독자의 의식적 특성을 디지털화해서 모두 컴퓨터로 이전시킬 수 있게 된다면, 우리는 원칙적으로 동일한 의식적 특성을 지닌 무수히 많은 컴퓨터를 만들 수 있다. 그래서 독자의 의식적 특성 또한 독자에게만 고유하게 남아 있지 못한다.

그런데 이런 모든 논의보다 더 근본적인 문제가 있다. 독자의 몸과 마음을 구성하는 그 어떤 요소도 독자로부터 비롯되지 않았고, 밖에서 빌려와 잠시 머무르고 있을 뿐이다. 그래서 심신의 어떤 것도 진정으로 독자의 소유라고 볼 수 없다. 다시 말해, 독자에게는 아무것도 고정되어 있지 않다. 고정되지 않았다면 독자의 본질이라고 할 수도 없다는 말이다. 먼저 독자의 몸을 살펴보자. 독자의 몸 구석구석 그 어느 세포도 독자로부터 나온 독자의 것은 없다. 생물학적으로 독자의 기원이라고 볼 수정란도 부모에게서 왔고, 그 이후 세포분열과 성장은 모두 밖에서 온 물질에 의해 가능했다. 그리고 현재 독자의 몸은 기본적으로 입으로 먹어서 소화된 음식에 불과하다. 그 음식 가운데 어느 하나도 독자로부터 비롯되지 않았다. 그리고 몸은 죽으면 분해되어 사라진다. 결국, 독자의 몸에서 변함없이 독자의 본질을 구성할 수 있는 것은 전혀 없다. 그래서 몸과 관련된 본질로 독자를 다른 사물로부터 구별해 낼 수 없다.

그러면 독자의 의식을 구성하는 특성 가운데 독자로부터 비롯된 것이 있다면 그것은 무엇일까. 먼저 의식이 뇌의 기능에 의존하고 또 뇌의 기능은 바깥에서 온 음식물 등이 소화되어야 가능하다면, 그렇게 독자 밖의 것에 의존하는 의식 자체가 독자의 본질을 구성하는 독자의 것이라고 보기는 어렵겠다. 그리고 의식내용 대부분을 구성하는 언어만 보아도, 독자가 사용하는 언어 가운데 아무 단어도 독자로부터 비롯되지 않았다. 예를 들어 '대한민국은 동북아시아에 있는 산하가 아름다운 나라로, 사람들이 명석하고 건실하다'라는 문장을 예로 들자. 여기서 독자가 다른 사람이나 책 등으로부터 들어 배우지 않은 단어나 글자는 단 하나도 없다. 독자로부터 비롯되어 독자에게 고정되지 못하였으니, 독자의 고유한 소유가 아니어서 독자가 사용하고 떠나보내게 된다. 의식내용 가운데 그 어느 것도 독자의 본질이 될 수 없다. 이처럼 의식에서 독자의 개별적 본질을 구성하는 것은 존재하지 않는다.

지금까지 살펴본 바와 같이 독자의 본질을 구성하는 몸과 마음의 특성은 없으며, 독자를 독자 이외의 사람과 구분해 주는 독자의 개인적 본질 또한 존재하지 않는다.

(4) 독자가 '나'라고 말할 때 그 말의 지시체를 가리킬 수 없고 또 독자의 본질을 나열할 수 없더라도, 독자의 몸과 의지와 감정 등의 의식상태를 컨트롤 하는 주체로서의 독자가 배후에 반드시 존재해야만 한다고 주장하는 사람도 있다. 사물을 보는 눈이 그 스스로를 보지 못하지만 눈은 존재하고, 또 소리를 듣는 귀가 그 스스로를 듣지 못하더라도 귀는 존재한다. 마찬가지로, 몸과 마음을 움직이고 조종하는 주체로서의 독자는 비록 스스로를 가리킬 수 없지만 존재한다는 것이다. 이것은 일견 그럴듯한 논점이지만, 한 걸음만 더 나아가 생각해보면 설득력이 약한 주장임이 드러난다.

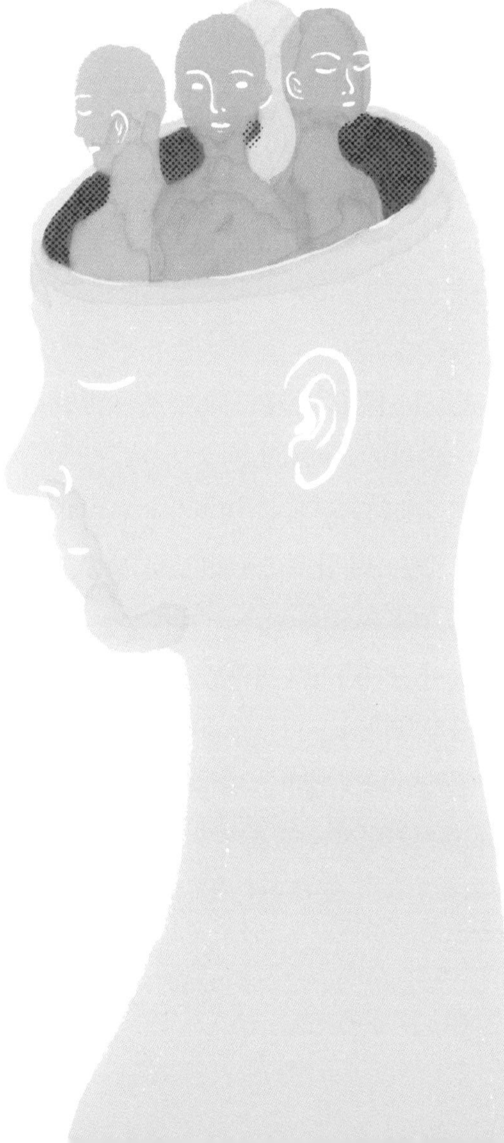

먼저 생물학적으로 이런 주체가 자리 잡을 만한 고정된 장소가 우리 뇌에 존재하지 않는다는 당황스러운 문제가 있다. 특히 뇌는 쉬지 않고 변하기 때문에 뇌의 한 부분이 특정 기능을 잠시 담당하더라도 그 기능이 성장 과정과 부상 등을 통해 다른 부분으로 옮겨가기도 한다. 그래서 독자가 '나'라고 부르는, 고정되고 불변하는 어떤 주체가 존재하는 장소를 특정할 수 없다. 한편, 이렇게 컨트롤 타워로서의 '나의 존재'를 주장하는 사람들은 그런 존재를 '자아自我(self, 힌두교의 아뜨만)'라고 본다. 하지만 그렇다면 셀프 모니터링과 그런 컨트롤 기능을 가진 컴퓨터 시스템도 자아를 가지고 있다고 인정해야 한다는 곤란한 결론에 이르게 된다.

이러한 '배후의 주체'를 설정하지 않더라도 컨트롤 기능의 존재를 설명할 수 있다면 그런 설명이 더 매력적일 것이다. 배후의 주체 같은 허깨비 같은 것을 이 존재 세계에 굳이 끌어들이지 않아도 되기 때문이다. 설명을 위해 필자가 좋아하는 비유를 하나 들어보자. 어떤 농구팀을 구성하는 다섯 멤버는 따로 감독을 영입하지 않고도 서로 돌아가면서 주장을 맡으며 경기에 임할 수 있다. 배후에 감독이 있어야만 경기를 치를 수 있는 것이 아니고, 감독 없이도 경기를 잘할 수 있다. 오히려 따로 월급이 안 들어가니 더 좋다.

불교에서는 우리가 몸과 네 가지 종류의 의식의 모임이라고 가르친다. 만약 우리의 몸과 의식을 구성하는 이 다섯 요소와 관련해서도 마찬가지로 각각이 돌아가면서 주장을 맡는다면, '고정된 나'나 자아 같은 추상적 존재를 설정하지 않아도 이런 컨트롤의 주체를 설명할 수 있다. 몸이 아주 피곤한 날은 피곤한 몸이 독자를 잠자리에 들게 만들고, 일을 열심히 하겠다는 의지가 강한 날은 그 의지가 독자를 일터로 이끈다. 가까운 이를 잃어 슬픔에 잠긴 날은 그 슬픔이 독자를 애도케 하고, 즐거운 음악을 들어 기분이 좋아진 독자는 가벼운 마음으로 산책에 나선다. 어느 '고정된 나' 또는 자아 없이도 이와 같이 심신을 컨트롤하는 (임시) 주체의 존재를 설명할 수 있다.

지금까지 '나의 존재'가 정말로 확고부동한 진리라면 충족해야 할 네 가지 조건을 살펴보았는데, 이 가운데 어떤 조건도 만족하지 않는다. 이와 같은 이유로 불교에서는 그러한 '나'가 존재하지 않는다는 '무아無我(non-self, anatman)'를 가르친다. 간혹 어떤 것에 집중해 심취한 상태를 뜻하는 '무아지경無我之境'이라는 말 때문에 불교 밖에서는 무아가 마치 어떤 몽환적인 의식상태를 의미하는 것처럼 오해되기도 하지만, 무아란 원래 '진정한 자아 또는 참나가 존재하지 않는다'라는 붓다의 가르침을 뜻한다. 본 저술은 무아에 대한 현대적 관점에서의 논의를 목표로 하고 있다.

자아는 모순이다

2

진정한 나의 존재와 관련된 논의를 하기 위해서는 먼저 '나'를 의미한다고 받아들여지고 있는 유사한 개념을 분명히 이해하고 정리할 필요가 있다. 다른 개념과의 비교 및 대조를 통해 뜻이 더 잘 드러나기 마련이어서 그렇다. 그래서 이번 챕터에서는 자아self, 혼spirit 그리고 인격체person의 개념을 설명하고 그 차이를 선명히 드러내 보려 한다.

개념을 정리한 후에 '진정한 나'를 의미하는 '자아'가 개념적으로 오류를 범할 수밖에 없다는 점을 보이겠다. 개념적으로 오류인 것은 그 개념에 해당하는 대상이 이 세계에 존재할 수 없으므로, '진정한 나'는 존재할 수 없고, 따라서 붓다의 가르침인 무아無我가 진리라는 점을 증명하려 한다. '진정한 나'는 존재하지 않는다는 논의가 독자를 충격에 빠뜨릴 수도 있겠다. 그러나 존재하지도 않는 '나'를 찾으려는 헛수고로부터 스스로를 해방시키는 데 우리의 논의가 도움이 되기를 희망해 본다.

자아와 영혼

자신을 의미하는 영어 'self'의 번역어로는 주로 '자아'가 쓰이는데, 이 말은 독자가 일상의 평범한 대화에서 그다지 사용하지 않을, 좀 현학적이고 추상적인 단어다. 그런데 self는 실은 서양종교에서 수천 년 동안 매일같이 읊조려 온 영혼soul과 다르지 않다. 서양종교학자들은 요즈음 'self'와 'soul' 두 단어를 거리낌 없이 서로 바꾸어 쓰기도 한다. 둘 다 결국 '진정한 자신'이나 '진정한 나'를 의미하기 때문이다.

한국불교계 일부에서 엉뚱하게 사용하는 '참나'라는 말도 같은 의미를 가지고 있다. 그런데 놀랍게도 붓다의 무아론은 그런 진정한 자신이나 참나가 존재하지 않는다는 주장이다. 서양 전통 대부분과 한국불교계 일부의 주장과는 정반대되는 가르침이다. 세계 주요 종교 가운데 오직 불교만이 가진 통찰인데, 붓다 생존 당시뿐만 아니라 오늘날도 가히 혁명적인 견해이다. 서양인 대부분은 불교가 영혼의 존재를 믿지 않는 가르침이라는 사실을 알면 거의 경악한다.

지난 챕터에서 논의했지만, '자아self'란 '나'라는 말이 지시하는 그것, 나에게 있어서 결코 변치 않는 그것, 나를 나이게끔 하는 그것, 나를 다른 사람들로부터 구별해 주는 바로 그것 등으로 정의되고 이해된다. 이렇듯 자아는 참 소중하고 멋지고 굉장한 것이란다. 그런데 독자도 필자처럼 수십 년 동안 이런저런 철학 연구를 진행해 보면, 감히 단언컨대 독자 또한 결국 흠 없는 완전한 진리를 단 한 번도 접해 보지 못할 것이 분명하다. 아마도 근본적으로 이 세상이 그렇게 완전무결한 곳이 아니어서 그럴 거다. 그래서 독자도 이 불완전한 세상에 어떻게 그토록 화끈하게 완벽한 초월적 기능을 수행하는 것이 존재한다고 쉽게 주장할 수 있을지 의문을 품게 될 수밖에 없다. 그런데 어찌 된 일인지 불교를 제외한 세계 주요 종교는 모두 '영혼'이 바로 그런 굉장한 것이라고 쉽게 믿고 의심치 않았다. 수천 년 동안 그래왔다. 아마도 세상이 불완전해서 완전한 무엇을 너무도 갈망하다 보니 그렇게 되었는지 모르겠다. 그들에게는 영혼이 존재한다기보다 존재해야만 했던 것 같다.

'영혼soul'이란 어떤 이를 언제나 동일한 그이게끔 만드는 불변의 실체다. 그래서 갓난아기 길동이가 수십 년 동안 몸과 마음에 수많은 변화를 겪으며 나이 많이 든 노인이 되어도 여전히 같은 길동이인 이유는 그가 가진 영혼이 불변하기 때문이라고 그런다. 영혼은 절대 변하지 않으니까, 아담은 언제 어디서나 아담이고 노아도 언제 어디서나 노아라는 말이다. 그런데 가만히 생각해 보면 불변하는 것은 불멸이다. 어떤 대상에 물리적 또는 화학적 변화 등이 일어나야만 그것이 파괴될 수 있을 텐데, 불변하는 것에는 그런 변화가 있을 수 없으니 절대 파괴되지 않기 때문이다. 그리고 파괴되지 않는 것은 영원히 존재한다. 결코 변하지도 파괴되지도 않으니까 영원히 그대로 존재하는 것이다. 그래서 영혼에는 흔히 '영원·불변·불멸'이라는 그럴듯한 수식어가 따라다닌다. 그런데 영원·불변·불멸처럼 이 세상을 초월한 듯 굉장한 속성을 가졌다는 영혼과 관련된 믿음은 역사상 서양이 아니라 인도 힌두교의 전신인 브라만교에서 먼저 출현했다.

고대 인도인들은 그들의 성전인 베다Veda에 '진정한 나'가 무엇인가를 곰곰이 따져보는 사고의 여정을 기록했다. 그들은 먼저 상식적인 차원에서 질문하기 시작한다. 나는 기본적으로 이 육체를 가지고 살아간다. 육체가 크게 상하면 생존할 수 없다. 그렇다면 나의 몸이 진정한 나인가? — 그럴 리가 없다. 몸이란 모든 구멍마다 더러운 것을 배출하는데, 진정한 나가 그렇게 비천할 리가 없다. 그리고 육체란 근본적으로 소화된 음식물에 불과한데, 내가 어찌 단지 음식물이겠는가. 게다가 우리는 물질세계에 속하는 이 육체보다 더 상위의 능력을 가지고 있다. 우리는 오감五感을 통해 세계를 감각으로 경험하면서 산다. 눈만 뜨면 파노라마처럼 펼쳐지는 시각의 세계, 귀로 듣는 아름다운 음악의 세계, 코로 맡는 향기, 혀로 경험하는 맛, 그리고 몸으로 느끼는 촉각의 세계, 이 모두는 물질에 속하는 우리의 몸을 넘어 존재하는 훨씬 더 멋진 것이다. 진정한 내가 존재한다면 이런 신나는 감각이 아닐까?

오감을 통해 경험하는 감각 내용이 멋지기는 하지만, 우리 의식은 이런 단순한 감각의 세계를 넘어 더 고차원의 기능도 수행한다. 먼저 우리는 이성理性 능력을 갖추고 언어를 사용한다. 단지 일상 언어만 사용할 뿐 아니라 논리적 추론을 통해 고도로 세련된 사고를 진행하며, 일상 언어보다 더 추상적인 수학적 언어를 이용해 과학을 창조한다. 이런 사고력은 감각 경험보다 고차원의 능력이기 때문에, 진정한 내가 존재한다면 이런 상위 차원의 의식으로 존재할 법하다.

그런데 베다 속의 고대 인도인은 이보다 한 걸음 더 나아갔다. 그들은 이런 사고를 가능케 하는 궁극의 기원이라는 아뜨만Atman[我]에서 진정한 나를 찾았다. 우리의 의식에서 진행되는 고차원의 사고도 그것을 가능케 하는 근원이 있어야 가능할 것인데, 그들은 이것을 '아뜨만'이라고 불렀다. 이것이 진정한 자아이고, 나의 모든 의식작용을 가능하게 하는 근원이다. 한국불교계 일부에서 말하는 참나와 서양종교에서 말하는 영혼이 바로 그것이다. 17세기의 데카르트까지도 영혼과 (의식의 주체로서의) 마음을 달리 구별하지 않을 정도로 서양도 전통적으로 모든 의식의 근원으로서의 영혼의 존재를 믿었다. 아뜨만과 영혼 모두 불변하고 불멸이어서 영원히 존재한다. 그리고 브라만교/힌두교와 서양종교에 의하면 우리는 누구나 이런 근사한 것을 품고 있어서 신난다고 한다.

그러나 붓다는 이런 아뜨만이 존재하지 않는다는 무아無我를 가르친다. 참나가 없다는 가르침이고 또한 영원·불변·불멸이라는 영혼이 없다는 말씀이다. 서양인은 영혼의 존재를 믿지 않는 사람을 거의 반사적으로, 형편없이 부도덕하여 상종할 가치도 없는 부류로 여겨왔다. 영혼을 믿지 않으니, 마치 '잃을 것이 없다nothing to lose'는 듯 막행막식莫行莫食하며 살 것이 분명하다고 보기 때문이다. 불교의 가르침이 그렇게 이해되어서는 물론 안 된다. 불자佛子가 영혼이 존재하지 않는다고 믿는 이유는, 그가 영혼을 사탄에게 팔아버렸기 때문이 아니라 애초에 영혼이 존재한 적 없음을 알게 되었기 때문이다. 그리고 불자는 팔정도八正道를 따르고 계율을 지키며 악업을 짓지 않는 도덕적 삶을 살면서 깨달음을 위해 정진한다. 서양종교를 믿는 사람이 무아에 대해 잘 모르면서 불교를 흉보면 안 될 것이다.

혼

'혼spirit'은 점잖게 들리는 말이지만, 실제로 그 의미는 '귀신'에 가깝다. 디즈니 만화영화 〈뮬란Mulan〉에 나오는 희뿌연 연기 같은 조상의 혼령들, 한국영화의 귀신, 그리고 서양영화의 유령이 혼spirit에 해당한다. 산천초목에 깃들어 있다는 '정령'도 이와 가깝다. 영어로 알코올 함량이 높은 독주를 '스피릿'이라고 하는데, 그 이유를 헤아리기는 어렵지 않다. 사람들은 그런 독한 술을 마신 술꾼이 마치 그의 몸 안에 어떤 귀신이 들어와 조종하는 것처럼 비정상적으로 행동하는 것을 보고는, 그 원인이 이런 술에 스피릿이 들어가 있기 때문이라고 생각하여 그런 이름을 붙였다. 그런데 전지전능한 유일신과 영원·불변·불멸한 영혼을 믿으며 나머지 혼령들을 이 세계에서 모두 제거하고 추방해 버린 서양인들은, 조상의 혼이 흩어지지 않도록 음식물을 준비하여 오랫동안 제사를 지내온 우리에 비해 이 스피릿의 의미를 직관적으로 잘 파악하지 못한다.

우리가 쓰는 말 가운데 '조상의 숨결'이라는 멋진 표현이 있는데, 이 '숨결'이 혼과 연관되어 있다. 동양뿐 아니라 서양에서도 숨결과 관련되어 발달한 유사한 개념이 있다. 고대 그리스는 여러 작은 도시국가로 나뉘어 끊임없이 경쟁하고 다투며 성장했다. 크고 작은 전쟁이 그칠 날이 없었다. 그래서 그들은 전장에서 다친 병사들이 마지막 긴 숨을 내쉬면서 죽어가는 장면을 많이 목격했다. 이때 병사들이 내쉬는 마지막 숨소리를 'p-sy-che(프-쉬-케)'라고 표현했다. 마지막 숨이 빠져나가면서 생명이 사라지기 때문에, 그리스인들은 이 마지막 숨결이야말로 몸의 생명을 유지했던 힘을 가지고 있다고 믿게 되었다. 이 소중한 '생명의 숨결'인 프쉬케에서 유래한 'psyche'는 'psychology(심리학)' 'psychiatry(정신의학)' 'psychopathology(정신병리학)' 등 의식이나 정신 현상과 관련된 단어들의 어원이 되었다.

고대 그리스인의 상당수는 이런 생명의 숨결이 공기 중에 흩어지면 그것으로 모든 것은 끝이라고 담담히 받아들였다. 그러다가 인도의 영향을 받아서 그랬는지 몰라도 피타고라스학파는 영혼 윤회설을 주장하기 시작했는데, 이를 소크라테스와 플라톤이 받아들여 철학적으로 '영혼불멸설'을 정착시켰다. 그 이후 기독교가 플라톤의 철학을 받아들이면서, 그의 철학에서 윤회설을 뺀 기독교의 영혼불멸설이 천여 년 이상 서구인의 사고를 지배했다. 이토록 종교의 색채가 강한 영혼불멸설은 17세기 데카르트에게 와서야 도전받기 시작하는데, 데카르트도 종교적 의미를 지닌 영혼 대신 철학적으로 세속화된 '마음'을 언급하는 데 그칠 정도였다. 아주 조금 종교의 영향을 벗어나려 했을 뿐이었다. 그 정도만으로도 그는 생명의 위협을 느껴서 당시 종교의 자유가 가장 많이 보장된 네덜란드로 피신해 20년을 살아야 했다.

과학은 종교의 영혼불멸설에 비교적 성공적으로 도전했다. 데카르트 이후 자연과학이 비약적으로 발달하면서, 20세기에 이르러 우리 마음이란 결국 뇌세포의 표면에서 일어나는 전기자극과 화학반응에 의존하여 생기는 의식의 흐름일 뿐이라는 견해가 주류를 이루게 되었다. 마음에 대한 이러한 이해는, 영혼을 단지 공기 분자들이 이루는 생명의 숨결로 이해하며 사람이 죽어서 이 숨결이 공기 중에 흩어지면 모든 것이 그만일 뿐이라고 생각한 고대 그리스인과 그리 다르지 않다. 지난 반세기 이상 철학자들은 마음 또는 의식과 그것의 존재론적 바탕인 뇌를 구성하는 물리적 토대 사이의 관계를 규명하는 연구에 매진해 왔다. 현대 철학자의 절대다수는 물리적 대상인 뇌가 없이는 의식을 가진 마음 또는 영혼이 존재할 수 없다고 본다. 말하자면, 의식은 물질세계에 의존하는 한에서만 존재한다고 판단한다.

인격체

영어의 'person'은 우리말로 옮기기가 까다로운 개념인데, '개인' 또는 그냥 '사람'으로 번역하는 경우가 많다. 필자는 보통 '개인 인격체' 또는 줄여서 '인격체'로 번역한다. 17세기 영국의 철학자 로크John Locke(1632~1704)가 확인해 주듯이, 서양인은 'person'이라는 이 말을 원래 법률용어forensic term로 사용했다. '인격체person'란 '법적 책임을 지울 수 있는 행위자'를 의미했다. 철학에서는 '도덕적 책임을 지울 수 있는 행위자'라는 뜻도 된다. 그래서 잘못된 행위에 대해 법정에 세울 수 있어야만 인격체로서의 자격이 있다. 예를 들어, 어린아이는 생물학적으로 인간이지만 법적 책임을 물을 수 있는 행위의 주체가 못 되기 때문에 아직 인격체가 아니다. 코마(의식불명 상태)에 빠져 누워있는 식물인간도 더 이상 인격체로 인정받을 수 없다. 여담이지만, 한국에서 식물인간은 식물 같아도 여전히 인간이지만, 영어로는 human vegetable이어서 인간의 모습을 한 식물로 간주한다. 당신이 코마에 빠져서도 인간 대접을 받으려면 한국에서 입원해야 할 이유다.

요즘은 한국에서도 마찬가지인 것 같은데, 미국에서

는 오래전부터 개나 고양이 같은 반려동물도 가족의 구성원으로 간주해 왔다. 그러나 반려동물 애호가일 수도 있는 독자에게는 미안하지만, 아무리 예뻐도 반려동물은 인격체가 될 수 없다. 저지른 짓에 대해 법적·도덕적 책임을 물을 수 없기 때문이다. 한편 최근 인공지능과 관련된 논의의 하나로 인공지능이 법적·도덕적 책임을 질 수 있느냐는 문제가 대두되고 있다. 만약 우리가 인공지능에게 그런 책임을 부과할 수 있다면, 인공지능도 인격체로 간주하여야 한다는 결론이 날 수도 있다. 그렇게 되면 인공지능을 장착한 로봇이 감옥에 가는 날이 올지도 모른다.

우리 사회의 성인成人 대부분은 법적 책임을 지울 수 있는 인격체다. 그리고 'person'이라는 말을 '개인 인격체'로 번역할 수 있듯이, 이 인격체 각각은 개인적으로 모두 달라 서로 구별된다. 우리 사회의 수많은 인격체 각각을 다른 사람이 아닌 바로 그 인격체이게끔 만들어 주는 것은 무엇일까?—1장에서 논의했듯이, 그런 것이 있다면 그것은 자아(또는 영혼)일 것이다. 그런데 지난 30년 동안 필자가 미국 대학에서 공부하고 가르치며 관찰해 온 바에 의하면, 영어를 모국어로 사용하는 사람도 자아self와 인격체person의 차이를 모르고 두 개념을 혼용하는 경우가 많았다. 다음의 두 문장을 살펴보며 그 차이를 확실히 해 두자.

(1) 그는 모진 고생 끝에 다른 사람person(인격체)이 되었다.

(2) 그는 모진 고생 끝에 다른 자아self(영혼)가 되었다.

영어권 사람들은 직관적으로 (1)은 의미가 통하지만 (2)는 옳지 않은 문장이라고 판단한다. self나 soul은 영원·불변·불멸이어서 결코 변하지 않기 때문에, 아무도 다른 self나 다른 soul이 될 수 없다. 그러나 우리는 살아가면서 겪는 일들 때문에 (전쟁, 가족의 사망, 이혼 등) 성격이 많이 변하여 다른 인격을 가지게 되는 경우가 꽤 있다. 말하자면, 우리는 살아가면서 바뀌어 다른 person이 될 수 있다. 그래서 누구도 다른 자아가 될 수는 없지만, 다른 인격체는 될 수 있다는 데 우리는 직관적으로 동의한다.

1장에서 살펴본 바와 같이, 불교는 영원·불변·불멸이라는 자아의 존재를 부정하지만, 그렇다고 해서 인격체의 존재마저 부정하지는 않는다. 붓다는 인간을 끊임없이 변하는 몸과 네 가지 의식상태가 모여 쉬지 않고 변하는 하나의 묶음, 즉 오온五蘊으로 보았다. 우리에게는 영구히 불변·불멸인 어떤 것도 없으므로, 우리는 자아를 가지지 않는다. 그래서 무아無我가 진리다. 그러나 그렇다고 해서 우리가 인격체로도 존재하지 않는다는 말은 아니다. 우리가 비록 무상無常한 몸과 네 가지 의식상태로 이루어져 있지만, 그래도 꽤 오랫동안 법적·도덕적 책임을 물을 수 있을 정도로 지속해서 그 존재를 이어가는 인격체이기도 하기 때문이다. 그래서 혹자는 우리가 인격체이기는 하지만 자아가 없어 공空한 인격체라고 본다. 6장에서 이와 관련한 자세한 논의를 진행하겠다.

'자아'의 개념적 모순

자아 또는 영혼은 영원·불변·불멸이라는 무엇이다. 어려서부터 기독교 등 서구종교로 신앙생활을 해 온 사람이라면 이렇게 엄청난 속성을 지녔다는 영혼에 대해 많이 들었을 것이고 그래서 별 거부감이 없겠다. 하지만 그러한 종교 및 문화적 배경이 아닌 곳에서 살아온 사람들에게는, 이처럼 굉장하다는 영혼 같은 존재자 이야기가 많이 의심스러울 수밖에 없다. 독자가 지금까지 접해 온 어떤 구체적인 사물도 불변하는 것은 없다. 한번 자문해 보시라. 독자는 절대적으로 불변하는 것을 단 한 번이라도 경험해 본 적이 있는가? 어떤 물질적 존재도, 또 어떤 의식의 상태도 조만간 변하기 마련이다. 어떤 것도 불변하지 않는다.

신 또는 영혼처럼 추상적인 대상을 이야기하는 것이 아니다. 어차피 그것들은 구체적인 물질도 의식의 상태도 아니어서, 상상력의 산물일 가능성이 크니까. 그런데 우리가 살면서 겪는 모든 일에 불변인 것이 1도 없어 믿고 매달릴 것이 없다 보니, 상상으로라도 그런 것을 창조해 의지하고 싶은 심정도 이해가 간다. 그러나 어쨌든 불변하는 것이 없으니 영원히 불멸인 것도 없다. 변화를 겪다 보면 파괴되기 마련이고, 파괴되는 것은 영원할 수 없기 때문이다. 그래서 영원·불변·불멸이라는 자아 또는 영혼이 존재한다는 인도 및 서양종교의 주장은 솔직히 설득력이 약하다.

그런데 더 중대한 어려움은 자아 또는 영혼의 개념이 논리적으로 모순이라는 문제다. 필자가 앞으로 전개할 논증이 성공적이라면, 자아와 영혼의 존재를 믿는 분들은 매우 당황스러워할 거다. 왜냐하면 철학은 논리적으로 모순을 초래하는 개념에 해당하는 대상이 이 세상에 존재할 수 없다고 판단하기 때문이다. 필자의 논증이 옳아서 '자아'나 '영혼'의 개념이 모순을 포함한다고 밝혀지면, 철학은 그런 것이 세상에 실재하지 않는다고 결론짓는다. 이제 이 개념이 어떤 논리적 문제를 가졌는지 살펴보겠다.

어떤 존재자가 물리적, 심리적, 또는 개념적으로 부분들로 이루어진 집합체composite라면 영원히 불변하고 불멸일 수 없다. 왜냐하면 그것은 원칙적으로 그것을 이루는 부분들로 분리될 수 있고, 분리되는 것은 변하며, 이런 변화는 그것의 파괴와 소멸을 가져오게 되며, 따라서 그것이 영원히 존재할 수 없기 때문이다. 그래서 영원·불변·불멸인 것은 집합체일 수 없고, 반드시 아무 부분도 가지지 않은impartite 단순체여야 한다. 그래서 영원·불변·불멸이라고 주장되어 온 자아나 영혼은 반드시 단순체여야 한다. 그런데 단순체로서의 자아 또는 영혼은 다음과 같은 철학적 난제에 직면한다.

(1) 단순체는 어떤 속성도 가지지 않아야 한다. 만약 단순체가 하나라도 속성을 가진다면, 그것은 그 속성이

단순체의 한 부분이 되어 그것이 속성과 단순체의 집합체가 되기 때문이다. 그래서 단순체여야 하는 영혼이나 자아와 같은 존재자는 어떤 속성도 가질 수 없다. 그러나 이것은 종래의 아뜨만(자아)이나 영혼에 대한 주장과 두 가지 측면에서 상충한다.

먼저 아뜨만과 영혼은, 비록 말로 표현할 수는 없다지만, 우리를 해탈과 구원에 이르게 해 주는 끝내주는 '속성'을 보유하고 있다. 아뜨만은 빛이요, 진리요, 무한한 열락이라고 한다. 영혼도 뭐 비슷하게 굉장하다고 한다. 그러나 이런 주장은 그것이 단순체가 아니라는 뜻이고, 그렇다면 영원·불변·불멸일 수 없다는 말이 된다. 곤란하다.

또 다른 문제는, 단순체로서의 영혼이나 아뜨만이 아무런 속성도 가지지 않는다면 우리가 서로의 영혼이나 자아를 맞바꾸어 가져도 아무 상관이 없게 된다는 것이다. 어떤 속성도 없으니 그냥 아무것이나 하나 가지고 있으면 그만이기 때문이다. 그러나 이것은 영혼이나 자아에 대한 우리의 직관과 어긋난다. 서로 영혼을 맞바꿀 수는 없는 노릇이다.

(2) 단순체는 물리적으로 공간을 차지할 수 없다. 왜냐하면 아무리 작은 공간이라도 원칙적으로 더 작은 공간들로 무한히 나누어질 수 있어서 이 단순체는 수없이 많은 부분을 가진 집합체로 간주되기 때문이다. 그래서 영혼이나 자아는 공간을 가질 수 없고, 따라서 공간 속에 존재할 수도 없다. 그렇다면 영혼과 자아의 존재에 관한 주장은, 데카르트가 공간적 부피를 가지지 않는다는 마음의 존재를 주장하다가 직면한 유명한 난제에 부딪히게 된다. 공간 속에 존재하지도 않는 영혼이나 자아가 어떻게 공간 속에서만 존재할 수 있는 우리 몸을 이러저러하게 움직일 수 있는가? 데카르트는 답하지 못했고, 지난 300여 년 동안 아무도 대답하지 못했다. 앞으로도 그럴 것이다. 결국, 영혼이나 자아는 우리 몸을 움직일 수 없다는 이야기다. 그러나 이것 또한 영혼과 자아에 대한 우리의 상식과 어긋나기 때문에 받아들일 수 없는 결론이다.

(3) 영혼이나 자아는 영원하다고 한다. 이것은 시간선상에서 무한히 오랜 시간 동안 연결된 연속체로 존재한다는 말이다. 단순체여야 하는 영혼이 시간선상에 연

속체로 존재한다면, 그것은 이 단순체가 실제로는 시간의 여러 부분들로 구성되어 있다는 말이다. 예를 들어 우리는 이 연속체를 과거의 영혼과 현재의 영혼 그리고 미래의 영혼으로 나눌 수 있다. 그렇다면 영혼은 더 이상 단순체가 아니라 부분들로 이루어진 집합체로 간주하여야 한다. 그러나 집합체라면 불변하지도 불멸이지도 또 영원하지도 않다. 그래서 영혼이나 자아는 시간선상에서 연속체로 존재할 수 없다.

이런 문제를 피하기 위해 혹자는 영혼이나 자아가 시간의 경과duration가 없는 '순간instant'에만 존재하고, 찰나마다 생멸한다고 주장할 수도 있겠다. 그러나 이 또한 영원·불변·불멸이라는 영혼이나 자아에 대한 전통적 견해에 어긋난다.

앞에서 보인 세 가지 이유만으로도 영혼이나 자아 또는 참나의 존재에 대한 서양종교와 브라만교/힌두교 그리고 한국불교계 일부의 주장은 실제로 자기반박self-refuting이라고 결론 내릴 수 있다. 앞에서도 밝혔지만, 철학은 모순을 포함하는 개념에 해당하는 것은 이 세계에 실제로 존재할 수 없다고 판단한다. 이 통찰은 '결혼한

총각'이나 '둥근 사각형' 같이 모순인 개념에 해당하는 사물이 이 세상에 결코 존재하지 않는다는 점을 고려하면 쉽게 받아들일 수 있다.

따라서 영혼과 자아 그리고 참나는 존재하지 않는다. 붓다의 가르침인 無我와 동일한 결론이다.

붓다의 무아

3

2장의 끝부분에서 우리는 자아 또는 아뜨만이 개념적으로 모순을 포함하고, 따라서 그것이 존재할 수 없다는 논의를 진행했다. 필자는 그 논증만으로도 무아가 진리임이 분명하다고 생각한다. 독자는 어떻게 생각하시는지? 그런데 붓다는 다른 종류의 논증으로 무아의 가르침을 폈다. 이번 3장에서 필자는 독자와 함께 역사적으로 논의되어 온 붓다의 견해를 함께 살펴보며 무아에 대한 이해를 더 깊게 해 보려 한다. 한편 필자는 현대철학의 통찰을 이용한 다른 논증으로도 무아를 증명할 수 있다고 생각하는데, 그 논의는 다음 장에서 진행하기로 한다.

3.1
붓다의 논증

붓다는 우리 개개인을 경험적으로 그 존재를 확인할 수 있는 몸과 네 가지 의식, 즉 색수상행식色受想行識이라는 오온五蘊(다섯 가지의 다발)의 집합체로 분석했다. 그는 경험을 중시하는 과학적 입장을 견지했는데, 이것은 '진정한 나'로서의 추상적인 아뜨만의 존재를 믿던 당시 인도의 주류 브라만교의 입장과는 혁명적으로 다른 견해였다. 붓다는 만약 아뜨만이 있다면 이 다섯 가지의 다발 가운데 존재해야 하는데, 그렇지 않기 때문에 아뜨만은 존재하지 않는다는 '무아론無我論'을 펼친다. 오온 각각이 무엇인가를 먼저 간단히 살펴보면서 그의 주장을 검토하겠다.

(1) 색色이란 형체를 가진 모든 것을 의미한다. 무엇이든 형체를 가지려면 공간 속에 존재해야 하는데, 공간 속에 존재하는 것은 모두 물질적 존재자다. 그래서 모든 물질적 존재자가 색인 셈이다.

(2) 수受는 붓다가 거론한 의식의 첫째 종류로, 즐거움의 감각, 고통의 감각, 즐겁지도 고통스럽지도 않은 중립적인 감각을 말한다. 우리말의 '느낌'에 해당한다.

(3) 상想은 대상의 감각적 속성을 파악하는 심리 상태를 말하는데, 요즘 말로는 지각perception으로 분류된다.

(4) 행行은 탐욕과 분노, 애증, 집중, 시샘 등 심신의 활동을 가져오는 심리적인 동력volition을 일컫는다.

(5) 식識은 심신상태의 자각 또는 그 자각 자체를 말한다.

색(몸) 이외의 네 가지 의식은 우리가 흔히 말하는 '명색名色'에서 명名에 해당하는데, 의식은 형체가 없어서 단지 이름名 붙여질 수만 있기 때문에 '명名'으로 불리게 되었다. 붓다는 오늘날 심리학이나 철학의 인식론과는 다소 다르게 의식을 분류했다. 그러나 어느 쪽 분류가 더 적절한가는 본 챕터의 목적상 중요하지 않기 때문에 그 문제는 논의하지 않기로 한다. 우리의 목적은 오온의 집합체인 개개인에 아뜨만이 존재하지 않는다는 붓다의 논증에 대한 검토이다.

무상無常으로부터의 논증

우리에게 잘 알려져 있고 또 이해하기 쉬운 붓다의 논증은 오온 각각이 끊임없이 변한다는, 즉 무상하다는 통찰을 통해 이루어진다.

(1) 우리 개개인을 구성하는 색수상행식은 그 하나하나가 모두 무상하다.
(2) 아뜨만이 존재한다면 그것은 영원·불변·불멸이다.
(3) (우리 개개인에게는 색수상행식 이외에는 아무것도 없다.)
(4) 그러므로 아뜨만은 존재하지 않는다.

※ (3)은 우리가 전적으로 색수상행식 오온으로만 구성되어 있다는 내용이다. 이것은 자명하다고 판단되어 붓다가 명시적으로 말하지 않고 생략한 전제다.

우리 몸과 네 가지 의식상태가 모두 무상하다는 (1)의 전제는 별다른 설명이 필요하지 않겠다. 우리 심신에서 변하지 않는 것은 하나도 없다. 그런데 아뜨만이 존재한다면 색수상행식 이 다섯 가지 가운데 최소한 하나로는 존재해야 하는데, 그 어느 하나도 영원·불변·불멸이지 않다. 그래서 우리 인간 존재에는 불변불멸의 아뜨만이 들어올 여지가 없다. 따라서 우리에게 아뜨만은 존재하지 않는다. 무아가 진리다. 필자는 붓다의 이 단순명쾌한 논증을 좋아하는데, 독자는 어찌 보시는지?

물리학과 심리학은 아뜨만과 같이 영원·불변·불멸이라는 지나치게 굉장한 존재자를 상정하지 않는다. 그런데도 이들 학문 분야는 고대 인도의 브라만교보다 물질세계와 우리 의식계를 훨씬 더 잘 설명해 내고 있다. 누구도 이 점을 부정할 수 없다. 이토록 연구 잘하는 과학자들에게 아뜨만같이 형이상학적으로 거추장스럽고 버거운 존재자를 도입해 연구를 진행하자고 하면, 아무도 그 말을 따르지 않을 것이다. 마치 추가 부품 없이 잘 작동하고 있는 기계에 아주 무겁고 불편한 부품을 새로 장착해서 힘겹게 돌리라는 주문이나 마찬가지다.

비재귀성의 원리로부터의 논증

붓다는 세계 주요종교의 창시자 가운데 유일하게 철학 논증을 구사했던 분이다. 철학을 업으로 삼으며 불자임을 자부하는 필자로서는 솔직히 매우 뿌듯하다. 그러나 철학적으로 진지하게 논의하다 보면 붓다 또한 그 가르침을 쉽게 전할 수 없었다. 제대로 책을 만들기가 불가능했던 오랜 옛날이어서, 일단 듣는 사람이 쉽게 외우고 또 그 기억한 내용을 되뇌면서 이해할 수 있도록 짧은 구절 위주로 가르침이 전해졌다. 짧다 보니 외우기는 좋았지만, 진지한 내용의 철학 논변을 너무 짧은 문장에 압축시켜 놓아 이해하기 어렵게 된 경우도 허다했다. 다음에 소개하는 무아에 대한 붓다의 논증도 그런 사례 중 하나다.

붓다는 '나는 오온 각각에 대해 스스로 그것을 싫어하기도 하고 또 변화시키고자 원하기도 한다. 그러므로 아뜨만은 존재하지 않는다'라고 가르쳤다. 처음 보아서는 뜻이 전혀 통하지 않는 난해한 논증이다. 실은 이것이 논증인지조차 헤아리기 어려울 정도다. 독자는 이 가르침이 과연 무엇을 의미하는지 한눈에 알아볼 수 있는가? 필자는 이 논증을 처음 접했을 때 해설을 읽으면서도 이해하는 데 꽤 시간이 걸렸다. 실은 한국에 있는 불교해설서들이 이 문장의 의미를 제대로 이해하지 못하고 있다는 사실을 여러 번 확인하기도 했다. 우리와 문화가 많이 다른 고대 인도에서 유행했던 이 논증은 우리

에게는 낯선 색다른 종류의 통찰을 바탕으로 하기 때문이다. 그들에게 자명했던 논리가 우리에게는 학습이 필요해서 그렇다.

인도 전통에서, 특히 불교에서는 '비재귀성非再歸性의 원리the principle of irreflexivity'가 받아들여져 왔다. 한자어로는 뭔가 심오한 진리를 말하는 듯하지만, 뜻을 풀어보면 누구나 상식적으로 알 만한 내용이다. 선문禪門에서 좋아하는 '달을 가리키는 손가락' 예를 들어 설명하면 쉽다. 손가락은 달을 가리킬 수 있지만, 그 달을 가리키는 손가락 자체를 가리킬 수는 없다. 손가락이 스스로를 향할 수 없기 때문이다. 실은 아무것도 스스로를 향할 수 없다. 이것은 원칙적으로 불가능하다. 그런데 스스로를 향할 수 없다면 스스로를 싫어하거나 비난할 수도, 또 변화시키려 원할 수도 없다. 왜냐하면, 스스로에 대해 좋아하거나 싫어하는 일도 먼저 스스로를 향할 수 있어야 가능한데 그것이 처음부터 원칙적으로 불가능하기 때문이다.

비재귀성의 원리가 적용되는 예는 우리 주위 어디에서나 찾을 수 있다. 주방의 칼은 버터를 자를 수 있지만, 칼 스스로를 자를 수는 없다. 자르려면 먼저 자를 대상을 향할 수 있어야 하는데, 칼은 그 스스로를 향할 수 없기 때문이다. 스스로를 향할 수 없으므로 칼도 손가락과 마찬가지로 그 스스로를 싫어하거나 변화시키려고 원할 수 없다. 귀(엄밀히는 귀의 기능)는 소리를 듣지만 소리를 듣는 그 (기능) 스스로를 들을 수 없고, 눈은 사물을 보지만 사물을 보는 그 스스로를 볼 수 없으며, 코는 냄새를 맡지만 냄새를 맡는 그 스스로를 냄새 맡을 수 없다. 비재귀성의 원리는 만물에 적용되기 때문에 이 원리가 적용되는 예는 무수히 많다. 이 모든 논의는 '아무것도 그 자신을 향할 수 없다'라는 통찰을 기반으로 한다.

이제 우리는 붓다의 논증을 감상할 준비가 되었다. 서양에서는 전통적으로 영혼이 자신의 몸과 의식을 조종하며 통제한다고 믿어 왔다. 서양의 영혼에 해당하는 아뜨만 또는 참나도 우리 몸[色]과 의식상태[受想行識]를 제어하는 어떤 사령탑 같은 역할을 한다고 생각되어 왔다. 예를 들어, 나는 내 뚱뚱한 몸[色]을 싫어해서 어떻게든 살을 빼 홀쭉한 모습으로 변화시키려 원할 수 있다. 나는 내 몸을 향해 좋아하고 싫어하는 감정을 가지고 내 몸을 변화시키고자 원하기도 하며, 운동과 다이어트를 통해 가끔은 체중감량에 성공하기도 한다. 다시 말해, 나는 내 몸으로 향할 수 있다. 바로 여기서 붓다의 논증이 가진 힘이 드러난다. 아무것도 스스로를 향할 수 없는데, 나는 내 몸으로 향할 수 있다. 따라서 나는 (아뜨만 또는 참나는) 내 몸이 아니다.

몸뿐만 아니라 다른 네 가지 의식상태[受想行識] 하나하나에 대해서도 같은 구조의 논증이 적용된다. 나는 내 감정이나 지각, 의지, 그리고 이런 것들을 의식하는 상태 모두를 각각 좋아하고 싫어하고 또 변화시키기를 원할 수 있다. 흔들의자의 안락함이 좋고, 암모니아의 시큰한 냄새가 싫으며, 성공한 친구를 시샘하면 안 된다고 결심하기도 하고, 또 멍 때리는 시간이 한심하게도 느껴진다. 말하자면 나는 이런 것들 하나하나로 향할 수 있다. 그러나 아무것도 스스로로 향할 수는 없다. 그런데 나는 네 가지 의식상태 각각으로 향할 수 있기 때문에, 이 네 가지 가운데 아무것도 내가 아니다. 결국, 몸과 의식을 구성하는 어떤 것도 내가 아니다. 그리고 나에게는 이 몸과 마음밖에는 아무것도 없다. 따라서 진정한 나, 즉 아뜨만이나 참나는 존재하지 않는다.

이것이 붓다가 그의 무아의 가르침을 뒷받침하기 위

해 제시한 또 다른 논증이다. 붓다의 논증이 짧은 문장들로 전해져 오고 있기 때문에 그 숨어 있는 논증의 구조를 헤아리기가 쉽지 않지만, 역시 붓다다운 탁월한 가르침이다. 이치를 따져보면 참으로 옳고 또 유용한 논증이지만, 앞에서 언급했듯이 우리 문화권에서 자주 사용하는 패턴의 논증이 아니어서 이해하는 데 시간이 좀 걸릴 뿐이다.

3.2
연기緣起로부터의 논증

우리는 앞에서 붓다가 무상의 진리로부터 무아의 가르침을 논증한 과정을 살펴보았다. 단순하면서도 강력한 힘을 가진 논증이었다. 그런데 붓다는 만물이 무상한 이유를 만물의 '연기緣起'에서 찾는다. 즉, 만물이 조건에 의해[緣] 생성·지속·소멸하기 때문에[起] 무상하다고 설명한다. 사물이 조건에 의존해 생겨난다고 해서 그것이 어떻게 무상한 이유가 될까? 필자는 이 문제에 답하기 위한 사고思考의 여정으로 독자를 초대한다. 먼저 연기가 무엇인가를 함께 살펴보자.

동아시아 대승 전통에서는 '연기'를 불법의 근간으로 보아 왔다. 그래서인지 몰라도 붓다가 터득해 그의 성도

成道를 가능하게 한 사성제四聖諦의 진리도 결국은 연기의 가르침으로 보는 학자들이 많다. 그런데 붓다는 초기경전의 여러 곳에서 연기를 다음과 같이 알쏭달쏭하게 설명한다.

이것이 있을 때 저것이 있으며, 이것이 생겨나므로 저것이 생겨난다.
이것이 없을 때 저것이 없으며, 이것이 소멸하므로 저것이 소멸한다.

언뜻 보기에 논리학 또는 수학의 공리公理처럼 보이는 수수께끼 같은 이야기지만, 붓다는 실은 다음과 같은 12지支 연기를 통해 이 가르침을 적용했다.

무명無明 — 행行 — 식識 — 명색名色 — 6입六入 — 촉觸 — 수受 — 애愛 — 취取 — 유有 — 생生 — 노사老死

우리 논의의 목적상 위의 12지 연기를 하나하나 설명할 필요는 없겠다. 단지 붓다에 의하면 어리석음[無明]이 있을 때 행이 생기며, 행이 있을 때 의식이 일어난다 … 생이 일어나면 늙고 죽는 고통이 뒤따른다. 붓다는 이 12지 연기를 통해 고뇌의 원인을 발견했고, 그 원인의 출발점은 어리석음이다. 그런데 다른 한편으로는, 어리석음이 없어지면 행이 없어지고, 행이 소멸하면 식도 없어진다 … 생이 일어나지 않으면 늙어 죽게 되지도 않는다. 붓다는 이렇게 12지 연기를 통해 고뇌를 제거하는 방법도 깨닫는다. 불교는 고뇌에서 벗어나 열반의 상태를 지향하는 가르침의 체계이니, 연기가 붓다 가르침의 근간이라고 간주되는 이유를 여기서 엿볼 수 있겠다.

만물은 조건이 모이고 흩어짐에 따라 생멸한다는 진리가 연기다. 조건의 모임 자체가 사물의 생기生起이고, 조건의 흩어짐 자체가 그 소멸消滅이다. 그래서 만물이 생멸을 거듭하여 무상한 이유는 그것의 조건이 모이고 흩어지기 때문, 즉 그것이 연기하기 때문이다. 이것이 바로 붓다가 만물이 무상한 것은 그것이 연기하기 때문이라고 말한 이유다.

그러면 위의 논점을 우리의 주제인 무아에 어떻게 적용할 수 있을까? 우리는 3.1절에서 우리 인간 존재를 구성하는 색수상행식 오온이 각각 모두 무상하기 때문에 무아가 진리라는 붓다의 논증을 살펴보았다. 그런데 이제 붓다가 설명한 대로, 이것 모두가 무상한 이유는 그것들이 연기하기 때문이라는 점이 밝혀졌다. 그래서 결국 색수상행식 각각이 연기하기 때문에 그것 모두가 무상하고, 그 모두가 무상하므로 무아가 진리라는 결론이 나온다. 근본적으로, 다른 모든 사물과 마찬가지로, 우리 개개인도 연기하기 때문에 무아가 진리다.

연기는 원래 원인과 결과 사이의 인과因果관계를 지칭했다. 이런 이해의 바탕에서는 조건이 모이고 흩어지는 인과 관계로부터 무상의 진리가 뒤따르고, 또 무상으로부터 무아의 진리가 나온다는 점이 쉽게 이해될 수 있겠다. 그런데 불교가 동아시아로 전래되면서 원래 인과 관계를 가리키던 연기가 비非인과적 관계마저도 포함하는 포괄적인 관계로 받아들여지게 되었다. 동서남북이나 상하좌우와 같은 공간적 관계는 서로에 의존해서만 존재할 수 있다. 오른쪽 없는 왼쪽은 있을 수 없고, 위아래도 마찬가지다. 또 세상에 동쪽이 없다면 어떻게 서쪽이 존재하겠는가.

선생과 학생, 남편과 아내, 부모와 자식, 크고 작음, 무겁고 가벼움 등은 모두 서로에 의존해서 생멸한다. 예를 들어, 남편이 사망하면 아내는 더 이상 아내일 수 없으며, 학생이 한 명도 없는 사람은 선생일 수 없다. 이와 같은 관계는 모두 비인과적 관계이지만 앞에서 인용한 붓다의 '연기공식'에 모두 들어맞고, 동아시아 불교에서는 이런 관계도 모두 연기관계로 받아들인다. 필자에게는 연기에 대한 이와 같은 포괄적인 이해가 매력적이다. 독자는 어떠하신가?

이런 사상을 가장 철저히 구현한 화엄華嚴에서는 존재세계의 모든 사물이 다른 모든 사물과 연기의 그물로 촘촘히 그리고 겹겹이 이어져 있다고 본다. 가야산 어느 암자에서 점심 공양을 드시는 노스님은 지구 반대편에서 햄버거를 먹고 있는 미국인이 최소한 하나는 있다는 점을 굳이 의식하고 있지 않다. 그럼에도 불구하고 이 스님에게는 '지구 반대편에서 저녁때 햄버거를 먹고 있는 이 미국인이 있다'라는 속성이 존재한다. 그런데 이 미국인이 어느 날 채식주의자가 되어 햄버거 대신 채소 샐러드를 먹기 시작한다면, 이 스님에게는 햄버거 애호가가 하나 줄고 채식주의자가 한 명 더 생기게 된다. 즉, 이 스님에게는 '이 햄버거 애호가가 존재한다'라는 속성이 없어지고, 대신 '이 채식주의자가 존재한다'라는 속성이 새로 생겨나는 것이다.

노스님과 직접적인 인연이 없는 사람이고, 또 스님이 이 미국인의 존재를 한 번도 의식하지 않더라도 스님께 이런 변화가 생기는 것은 어쩔 수 없다. 좀 과장된 비유가 되겠지만, 흔히 말하는 '나비 효과'라는 것도 이와 같은 화엄의 통찰과 무관하지 않다. 아프리카 정글 속 나비 한 마리의 날갯짓이 태평양 한복판에 태풍을 몰고 올 수도 있는 것이다. 이와 같은 논점에 동의한다면, 독자도 필자와 마찬가지로 세계의 모든 존재자가 노스님과 이런 방식으로 연결되어 있다는 점을 받아들일 수 있을 것이다. 이와 같은 화엄의 세계관에 의하면, 모든 존재자는 무한히 촘촘한 연기의 그물로 다른 모든 존재자와 겹겹이 연결되어 있다. 한 존재자에 생기는 변화가 다른 모든 존재자에 변화를 초래한다.

연기를 이렇게 비인과적 관계로 이해했을 때도 우리에게 무아가 진리일까? 필자는 그렇다고 본다. 예를 들며 그 이유를 설명해 보겠다. 필자는 미국의 한 대학에서 철학을 가르치는 교수다. 그런데 만약 이 대학 학생들이 모두 떠나 대학이 텅텅 비게 된다면 필자는 더 가르칠 학생이 없어서 교수로 남아 있을 수 없게 된다. 가르칠 학생이 존재할 때만 교수도 있다. 그래서 교수라는 직업은 어느 누구에게도 고정불변한 본성이 될 수 없다. 자녀를 가진 어떤 아버지가 만약 불의의 사고로 인해 그들을 잃게 된다면, 그는 더 이상 아버지가 아니다. 결혼 상태, 사는 주소, 국적, 재산 등 어느 것 하나 누구에게도 불변의 본성이 되는 것은 없다. 이 모두가 다른 존재자와의 관계에 의존해 잠시 본인에게 머무르는 명칭에 불과하다. 아무것도 누구에게도 영원·불변·불멸의 어떤 본성도 부여해 줄 수 없다. 이와 같이 비인과적 관계로 이해되는 연기의 관점에서도 붓다의 무아는 진리의 가르침이다.

연기의 가르침은 대승 전통에 이르러 공空 사상으로 진화한다. 그러면서 우리 개개인에 관한 진리인 무아를 존재세계 전체로 확장시킨다. 그래서 얻은 가장 포괄적인 통찰이 제법무아諸法無我이고 제법개공諸法皆空, 즉 모든 존재자에 고정·불변·불멸의 본성은 존재하지 않는다는 가르침이다. 먼저 나가르주나(Nagarjuna 또는 용수龍樹, 150년경~250년경)가 그의 《근본중송根本中頌》에서 '연기가 공'이라고 주장하고 증명한 논증을 재구성해 보면서 우리가 왜 만물이 본성, 즉 자성自性을 결여하고 또 그런 의미에서 공한지를 살펴보겠다.

나가르주나는 주로 귀류법歸謬法을 사용하며, 만약 사물이 공하지 않다면 우리가 받아들일 수 없는 결과가 나오게 되므로 사물이 공할 수밖에 없다고 주장한다. 예를 들어 그는 사물의 운동과 변화에서 원인과 결과가 각각 자성을 가지고 존재한다고 가정하면 터무니없는 결론이 나오게 된다는 점을 보인다. 그럼으로써 이런 결론을 피하려면 원인과 결과가 자성을 가지고 있지 않다고, 즉 공하다고 결론 내려야 한다고 증명한다.

인도 전통에서 자주 쓰인 용례를 통해 그의 논증을 재구성해 보겠다. 우유가 치즈의 원인이고, 우유와 치즈가 각자 모두 자성을 가지고 실재한다고 가정해 보자.

(1) 우유와 치즈 모두 자성을 가지고 실재한다. (가정)

(2) 우유가 치즈의 원인이다.

그렇다면

(3) 치즈는 우유 안에 존재하거나 존재하지 않는다.

(4) 치즈가 우유 안에 존재한다면, 결과가 이미 원인 안에 존재하기 때문에, 인과는 불가능하다. 결과가 새로 나와야 인과일 수 있기 때문이다.

(5) 치즈가 우유 안에 존재하지 않는다면, 인과는 불가해不可解하다. 우유가 치즈에서만 나오고 흙이나 물, 바위 등에서는 나오지 않는다는 점을 설명할 수 없기 때문이다.

그런데

(6) 우리는 치즈가 우유로부터 나온다는 점을 안다. 인과因果라는 현상은 존재한다.

그러므로

(7) (1)에서의 가정, 즉 우유와 치즈 모두 자성을 가지고 실재한다는 가정은 옳지 않다. 부정되어야 한다.

그러므로

(8) 우유와 치즈 모두 자성을 결여해 실재하지 않는다, 즉 공空하다.

위의 우유와 치즈 예는 다른 모든 인과의 사례에 그대로 적용된다. 모든 원인과 결과는 자성을 결여해 공하다. 그래서 인과의 산물인 사물은 모두 공하다. 여기서 우리는 재미있는 질문을 하나 해볼 만하다. 이 세상에 인과의 산물이 아닌 것이 있을까? 있다면 얼마나 있을까? 독자가 이 질문에 답하려 시도해 보면 나가르주나의 논증이 가진 힘을 실감할 수 있을 것이다.

만물이 연기한다는 붓다의 통찰은 불교의 근간을 이루는 가르침이다. 나가르주나는 이 연기의 가르침을 바탕으로 만물이 자성을 결여해 공하다는 점을 앞에서 사용한 귀류법과 같은 간접 논증으로 증명한다. 그런데 필자는 다음과 같이 우리에게 직관적으로 더 가까운 직접 논증도 시도해 볼 만하다고 생각해 왔다.

(1) 만물은 조건에 의존해 생성·지속·소멸한다.
(2) 조건에 의존해 존재하는 것은 스스로 존재할 수 없다.
(3) 스스로 존재하지 못하는 것은 스스로의 본성, 즉 자성을 가질 수 없다.
그러므로
(4) 어떤 것도 자성을 가질 수 없다. 만물은 공하다.

(1)은 붓다의 연기법이다. 만물은 연기하고, 연기하는 것을 따져보면 자성이 없다는 결론이 나온다. 이와 같이 필자는 연기법으로부터 짧고 간단한 논증을 거쳐 (4)의 제법개공諸法皆空의 결론에 도달할 수 있다고 생각한다.

필자의 직접 논증은 비인과적 관계로 연결된 연기에 의해서도 사물이 자성을 결여한다는 점도 쉽게 보여준다. 예를 들어 남편은 부인이 존재할 때만 남편이다. 남편은 부인 없이 그 스스로 남편으로 존재할 수 없다. 스스로 존재할 수 없으니 스스로의 본성, 즉 자성을 가질 수 없다. 그러므로 남편은 자성을 가질 수 없어 공하다. 부인 또한 남편 없이 스스로 부인으로 존재할 수 없으니 마찬가지로 자성이 없어 공할 수밖에 없다. 그리고 이 논의는 비인과적으로 연결되어 연기하는 모든 존재자에게 그대로 적용된다. 그 모두가 공하다.

이번 3.2절의 제목이 무아의 진리를 증명하기 위한 '연기로부터의 논증'이었다. 독자는 필자와 함께 연기로부터 (무상을 통하지 않고도) 모든 사물이 공하다는 결론에 이르게 되는 과정을 살펴보았다. 우리는 여기서 만물이 공하다는 점에 주목해야 하는데, 우리 개개인도 이 만물 가운데 하나라는 사실은 굳이 설명할 필요도 없다. 독자를 포함해 우리 인간 존재 모두 자성自性이 없어서 공하다. 만약 우리에게 자성이 있다면 그것은 무엇일까? 그것은 나를 나이게끔 만드는 바로 그것, 이것이 없이는 내가 나일 수 없는 그것, 즉 아뜨만[我] 또는 참나[眞我]이다. 대승의 제법개공諸法皆空은 그런 아뜨만 또는 참나가 존재하지 않는다는 가르침, 즉 무아無我의 진리도 포함한다. 대승 전통은 붓다의 무아의 가르침을 계승한다.

철학의 무아

4

세계에서 가장 긴 강은 나일강이라는데, 이 강은 주기적으로 범람하면서 토사를 많이 운반하기로 유명하다. 누군가 이 나일강의 모래를 모두 모아 모래더미를 만든다고 가정해 보자. 상상하기 힘들 정도로 큰 모래더미가 되겠지만, 그 모래의 개수는 무한하지 않아서 유한수 n으로 표기할 수 있다. 이제 이 모래더미에서 모래알 하나를 빼 보자. 그러면 이 모래더미는 (n-1)개의 모래로 구성되는데, n개의 모래로 모래더미가 만들어졌다면 (n-1)개의 모래로 된 것 역시 모래더미다.

이 거대한 모래더미에서 모래알을 하나씩 빼내는 작업을 무수히 많은 겁劫 동안 계속한다고 가정하자. 그러면 언젠가는 결국 모래 한 알만 남게 될 때가 올 것이다.

물론 모래 한 알로는 모래더미가 만들어지지 않는다. 그런데 우리는 앞에서 n개의 모래로 모래더미가 만들어지면 (n-1)개의 모래로도 모래더미가 만들어진다고 했다. 처음 거대한 모래더미가 만들어졌을 때는 이치에 맞는 이야기였고 또 오랜 겁 동안 문제가 없었는데, 이제 모래가 한 알만 남게 되니 이치에 맞지 않게 되었다. 그렇다면 모래 두 알이면 모래더미일까? 아닐 것 같다. 그러면 세 알이면 될까? 아니면 네 알? 언제 어디서부터 무엇이 잘못되었을까? 우리는 그 이유를 설명할 수 없다. 그래서 철학은 이 문제를 '모래더미의 패러독스'라고 불러왔다.

모래더미가 실재한다면 그것은 본질 또는 자성을 가지고 있을 것이고, 그렇다면 모래더미인 것과 모래더미가 아닌 것 사이의 차이와 경계가 분명해야 한다. 그런데 방금 살펴보았듯이 그런 경계선을 그을 수가 없다. 그런 경계선의 존재가 불가능하다는 것은 논리적으로 모래더미가 실은 자성을 가지고 실재하지 않기 때문이라는 점을 의미한다. 여기 4장에서는 우리의 주제인 무아와 관련해서 '진정한 나'가 실재한다면 나와 나 아닌 것 사이의 경계가 분명해야 하는데 그렇지 않다는 점을 보임으로써 '진정한 나'가 실재하지 않는다는 논의를 진행해 보겠다.

4.1

어디까지가 나의 몸인가?

내가 존재한다면 나와 내가 아닌 것을 구분 짓는 '경계'가 있을 것이다. 나라마다 국경이 있고, 집집마다 담장이나 울타리가 있고, 방마다 다른 방과 갈라놓는 벽이 있듯이, 내가 정말로 존재한다면 상식적으로 나를 다른 모든 것들로부터 분리시키는 선이 분명히 있어야 한다. 이 우주 만물 가운데 유일무이하게 독특한 '나'와 나 아닌 것 사이를 뚜렷이 그어주는 경계선이 없다면 어떻게 우리가 '진정한 나'가 존재한다고 주장할 수 있겠는가. 그런데 철학은 이런 선이 과연 존재하는가에 대해 의문을 제기해 왔고, 현대 영어권 철학자의 대부분은 나의 경계는 물론 사물을 가르는 이런 선을 그을 수 없다고 판단한다. 나의 경계가 어디인가를 말할 수 없다면, 내가 정말로 독립적으로 존재하는가에 대해 회의할 수밖에 없게 된다.

작은 예부터 시작해 이 문제의 핵심을 검토해 보자. 독자가 아는 사람 가운데도 머리숱이 자꾸 빠져 점점 대머리가 되어 가고 있는 분이 있을 것이다. 그런데 머리칼이 빠져 머리가 얼마나 벗어져야 대머리가 되는가? 독자는 그 숫자를 제시할 수 있을까? 머리숱 또는 두피 면적의 40%, 50%, 아니면 50.00001%가 벗어지면 대머리인가? 아니면 70%? 아무도 정확한 숫자를 제시할 수 없다. 대머리가 자성을 가지고 실재한다면 대머리와 대머리 아닌 것 사이의 구분이 분명해야 하는데, 이것은 불가능하다. 그렇다면 이 세상에 과연 대머리가 실재한다고 단정할 수 있을까?

또한 독자는 어느 시골집 앞뜰로부터 그 바깥 들판이 정확히 어디서부터 시작하는지 경계선을 그을 수 있는가? 아무도 그럴 수 없을 것이다. 그런데 그런 경계선을 그을 수 없다면 독자는 들판이 정말로 독립적으로 존재한다고, 즉 실재한다고 말할 수 있을까? 다른 예를 들어보자. 독자는 생물학적으로 정확히 어느 순간에 탄생했다고 할 수 있을까? 정자가 난자의 세포벽을 뚫고 들어간 순간이었을까, 정자의 핵이 난자의 핵과 결합한 순간이었을까, 수정란이 자궁벽에 착상된 순간이었을까, 심장이 뛰기 시작한 순간이었을까, 아니면 낳아주신 어머니의 몸 밖으로 나온 순간이었을까, 탯줄을 자른 순간이었을까? 답하기 어렵다. 독자의 탄생 시각과 장소조차도 분명치 않다. 존재한다는 것들이 모두 다 이렇다—철학적으로 말하자면, 존재의 양상이 원래 그렇다.

이제 질문을 현재의 독자에게로 돌려서, 일단 몸과 마음을 가진 독자가 존재한다고 가정해 보자. 그렇다면 먼저 독자의 몸과 독자의 몸 아닌 것을 구분해 주는 테두리는 어디까지일까? 예를 들어, 몸에 난 털은 독자의 일부인가 아닌가? 면도나 이발할 때 수많은 털이 잘려 나가도 통증을 느끼지 않아서 그런지 몰라도 독자는 떨어져 나가는 털에 그다지 개의치 않는다. 그래서 이렇게 쉽게 버릴 수 있는 머리카락이나 다른 털은 독자의 진정한 일부가 아닌 것 같다. 한편 코나 귀 그리고 팔다리는 털보다 더 중요하고, 또 다치거나 떨어져 나가면 극히 아프며 몸의 기능을 제대로 유지하는 데 어려움을 겪

는다. 털보다는 훨씬 소중하다. 그렇지만 이것들을 몇 잃는다고 해도 독자가 더 이상 독자가 아닌 것은 아니다. 예를 들어, 팔 하나를 잃어도 독자는 여전히 같은 독자다. 그래서 이것들도 독자의 진정한 일부는 아니다. 그렇다면 몸의 어느 부분이 진정으로 여러분을 구성할까? 그런 부분이 있다면 그것은 아마도 생명을 유지하는 데 필수적인 부분일 것이다. 우리 몸의 중요한 장기들이 그런 부분에 해당한다. 그런데 우리는 손상된 장기를 다른 사람의 장기로 대체하는 이식 수술이 가능하다는 사실을 알고 있다. 다른 사람의 장기를 이식받으면 독자는 최소한 부분적으로 다른 사람이 되고 마는가? 또한 인공장기 기술이 발달하고 있기 때문에 미래에는 정말로 많은 부분이 인공장기로 대체될 수 있으리라 예상된다. 그래서 결국은 모든 장기를 인공장기로 대체한 사람마저도 나올 수 있다. 그러면 이런 사람은 더 이상 같은 사람이 아닐까? 참으로 답변하기 곤란한 질문들이다.

장기가 아니라 의식 작용을 담당하는 뇌도 예외가 될 수 없다. 의학은 이미 파킨슨병 등이 걸린 환자의 뇌에 칩을 심어 전기자극을 통해 뇌 기능을 보조하는 장치를 사용하고 있다. 그러면 이 칩은 이 환자의 진정한 일부일까 아닐까? 한편 공상과학 소설이나 영화에서처럼 우리는 원칙적으로 뇌세포 하나하나를 동일한 기능을 수행하는 컴퓨터 칩으로 대체해 나갈 수 있다. 그래서 결국 뇌 전체를 컴퓨터 칩으로만 구성할 수도 있을 것이다. 그렇다면 컴퓨터로 된 뇌가 진정한 독자라고, 또는 독자의 가장 중요한 부분이라고 할 수 있을까? 만약 그럴 수 없다면, 정확히 언제부터 독자가 더 이상 독자가 아니게 되었을까? 뇌의 49.99%가 칩으로 교체되었을 때인가, 아니면 50.00001%가 바뀌었을 때인가? 답할 수 없다.

지금까지의 논의와는 다소 다른 맥락이 되겠지만, 몸의 경계선을 정할 수 없어서 생기는 또 다른 종류의 문제가 있다. 이 문제를 살펴보기 위해 독자의 무릎 위에 고양이 한 마리가 앉아 있다고 가정해 보자. 그리고 이 고양이에서 털이 하나 빠진 상황을 고려해 보자. 털 하나가 없는 고양이 몸도 그 고양이 몸이다. 이 털은 그대로 있지만 다른 털 하나가 없는 몸도 그 고양이 몸이다. 이 두 번째 털 대신 또 다른 털이 하나 없어도 마찬가지다. 이렇게 본다면, 이 고양이가 가진 털의 숫자만큼 무수히 많은 고양이의 몸이 존재한다는 셈이다. 실은 털 둘이나 셋이 없는 경우도, 눈이 조금 더 크거나 꼬리가 아주 조금 더 길어도, 이 고양이의 다른 몸들이 함께 존재한다.

이 고양이는 위와 같은 방식으로 수없이 많은 몸을 끌고 다니면서 지금 독자의 무릎 위에 앉아 있는 셈이다. 만약 이 결론을 받아들인다면, 무수히 많은 고양이의 무게가 합쳐져 독자의 무릎은 남아나지 않게 될 것이다! 이런 황당한 문제는 근본적으로 우리가 고양이 몸의 경계를 정확히 그을 수 없다는 어려움으로부터 비롯된다. 실재한다면 그 경계가 있어야 하는데, 그런 경계가 없으니 자성을 가진 고양이의 몸이 실재하지 않는다고 결론지어야 한다. 이것은 머리카락과 몸의 털을 가진 독자의 몸에도 그대로 적용되는 논증이다. 그리고 이 논증은 털뿐만 아니라 독자의 몸을 이루는 피부, 근육, 뼈의 부분 하나하나에도 모두 똑같이 적용된다. 따라서 우리 몸은 자성을 가지고 실재하지 않는다고 결론지어야 한다.

지금까지 '어디까지가 나의 몸인가?'라는 문제와 관련된 여러 질문을 제기해 보며 그 어느 하나에도 제대로 된 답변이 불가능하다는 논의를 살펴보았다. 독자의 몸의 경계선을 긋는 일은 마치 구름의 테두리를 정하는 것과 같이 원칙적으로 성공할 수 없는 작업이다. 독자의 몸이 진정으로 자성을 가지고 실재한다면, 그 몸과 그 몸 아닌 것 사이에 분명한 경계가 있어야 한다. 그 자성을 가진 것과 가지지 않은 것은 분명 달라야 하기 때문이다. 그런데 그런 경계는 존재하지 않는다. 따라서 독자는 그런 자성을 가진 몸이 진정으로 존재할 수는 없다는, 즉 실재할 수 없다는 결론을 받아들여야 한다.

현대를 사는 독자는 아마도 자신이 스스로를 스스로이게끔 만들어 주는 몸과 마음(의식)으로 되어 있다고 믿을 것 같은데, 지금까지 우리의 논의는 그러한 독자의 몸의 실재實在를 받아들일 수 없다는 점을 보여준다. 다시 말해, 현대인이 생각하는 '나[我]의 존재'의 반을 구성하는 몸은 진정한 나의 일부분으로 인정받을 수 없다. 그런 몸은 없다.

그런데 지금까지의 논의보다도 더 근본적인 문제가 있다. 고대 인도 전통 이야기를 좀 현대적으로 각색하자면, 내 몸은 근본적으로 들이마신 공기와 받은 햇빛 그리고 소화된 음식물의 결합에 불과하다. 이 가운데 어느 것도 나로부터 비롯된 것이 없고, 모두 내 몸 밖으로부터 온 것들이다. 그래서 이 공기와 햇빛 그리고 음식물의 기원을 따져보면 내 몸과 내 몸 아닌 것의 경계선을 정하는 일이 처음부터 불가능함을 쉽게 깨달을 수 있다. 내 몸은 실재하지 않는다.

4. 2

어디까지가 나의 마음인가?

내 몸이 실재한다면 그 테두리를 그을 수 있어야 하는데, 그럴 수 없었다. 그렇다면 내 마음의 테두리는 있을까? 있다면 어디일까? 내 마음이 실재한다면 그것과 그것 아닌 것을 엄밀히 구별하여 내 마음의 경계를 정할 수 있어야 한다. 그런데 과연 그럴 수 있을까?

우리는 앞에서 몸의 기원과 관련해 몸의 경계를 정할 수 없다고 논의했다. 그렇다면 현재 내 의식을 구성하고 있는 것들 가운데 나로부터 생겨난 것이 있을까 하는 질문도 해야 하겠다. 내가 가진 여러 종류의 의식과 그 내용 가운데 다른 것으로부터 빌리지 않아 진정으로 내 것이고 또 그래서 진정한 나를 구성한다고 주장할 만한 것이 있다면 그것은 무엇일까? 의식작용을 구성하는 감정,

지각, 의지 등에서 진정으로 나로부터 비롯되어 나를 내가 아닌 것으로부터 구별해 줄 수 있는 것이 있을까?

독자가 21세기 자연과학적 사고방식에 따라 생각하기를 좋아한다면, 독자는 우리의 의식상태가 모두 대뇌의 표면에 흐르는 전기신호와 화학반응의 결과물이라고 판단할 것이다. 그런데 몸의 일부인 뇌 또한 몸 밖에서 들어온 빛과 공기 그리고 소화된 음식물로 이루어져 있다. 현대를 사는 우리가 의식도 뇌에서 진행되는 물리적 현상이라고 본다면, 이런 뇌를 구성하는 물질이 모두 몸 밖에서 온 것이라는 점이 뇌와 뇌가 아닌 것 사이의 경계를 불분명하게 만든다는 문제가 있다. 그래서 자성을 가지고 독립적으로 존재하는, 즉 실재하는 뇌가 있다고 말할 수 없다. 그렇다면 우리는 뇌의 작용으로 가능한 의식상태도 나를 나 이외의 것으로부터 구별해 줄 수 없을 것이라는 의심을 하지 않을 수 없게 된다.

설령 어떤 신비한 섭리에 의해 우리 마음 또는 의식상태가 우리 몸 또는 뇌의 작용에 의존하지 않고 독립적으로 존재한다고 하더라도, 마음은 마음 밖의 것과 독립적으로 존재할 수 없다. 그 이유를 살펴보기 위해 먼저 질문해 보겠다. 독자가 가진 생각 내용 가운데 독자로부터 비롯된 것이 있을까? 독자의 사유思惟를 구성하는 수많은 개념 가운데 독자에게서 나온 것이 단 하나라도 있는가? 그런 것은 없다. 독자가 사용하는 말과 개념은 모두 나고 자라면서 듣고 배우며 형성된 것이다. 단 하나도 독자 안에서 저절로 나온 것은 없다. 간혹 신조어를 만들어 내는 사람도 있지만, 그런 신조어라는 것도 그가 가진 배경 지식과 배경 언어로부터 나왔지, 그가 결코 무無에서 창조해 낸 것이 아니다. 독자의 사유 내용 가운데 독자로부터 비롯되어 진정으로 독자의 것이라고 할 수 있는 것은 1도 없다. 그런데 독자의 마음이 품고 있는 사유 내용에서 독자의 것을 찾을 수 없다면 독자의 마음의 경계선을 그을 수도 없다.

지난 반세기 이상 철학은 우리 '의식 또는 심리 상태의 내용'에 대한 논의를 심화시켜왔다. 우리가 주목해야 할 철학의 통찰은, 심리 상태의 내용이 그 심리 상태 안에서 정해지지 않고 그것이 속한 역사적 맥락과 자연 및 사회 환경과의 관계에 의해 결정된다는 주장이다. 철학은 마음이 환경과 맺는 관계를 통해서만 사용하는 말의 의미와 개념 내용이 만들어진다고 본다. 말하자면, 독자의 마음은 그 자체로는 독자의 마음으로 기능할 수 없고, 환경이 그 마음을 작동시킨다는 것이다. 그렇다면 독자 마음의 경계를 그을 수 없겠다. 이제 예를 들어가며 그 이유를 살펴보겠다.

마음의 인과적-역사적 고리

한국인 가운데 세종대왕을 모르는 사람은 없다. 요즈음은 한글이 세계적으로 인기를 얻어가고 있어 외국인도 한글을 창제한 사람이 세종대왕King Sejong이라는 사실을 많이 안다고 한다. 수백 년 동안 우리는 '세종대왕'이라는 이름으로 15세기 초반 조선의 국왕으로서 완벽에 가까운 삶을 살았던 이분을 지칭해 왔다. 모두 이 이름으로 동일한 인물을 성공적으로 가리켜 왔다. 그런데 한 번 질문해 보자. 세종대왕을 직접 만났던 사람은 몇이나 될까? 아마 수백, 잘해도 수천을 넘지 못했을 것이다. 게다가 세종이 세상을 떠난 이후에 태어난 사람들은 이분을 뵐 기회가 전혀 없었다. 그런데도 어떻게 우리는 모두 지난 수백 년 동안 '세종대왕'이라는 이름으로 같은 인물을 지칭해 왔을까?

서울 광화문 광장에는 서로 얼마 떨어지지 않은 거리에 이순신 장군과 세종대왕의 동상이 있다. 한국어와 한국사에 서투른 외국인이라면 이순신과 세종에 관련된 이야기를 듣고는 이순신을 한글을 창제한 왕으로, 그리고 세종을 한산대첩을 승리로 이끈 장군으로 혼동할 수도 있다. 그런데 이 외국인이 '이순신'이라는 이름을 말하면 이 이름은 한글을 창제한 사람을 가리킬까? 그렇지 않다. 그의 의도가 어찌 되었든지, '이순신'이라는 이름은 임진왜란 당시 여러 해전을 승리로 이끌어 나라를 구한 위대한 장군을 지칭한다. 마찬가지로 '세종'도 장군이 아니라 한글을 창제한 조선의 국왕을 가리킨다. 이렇게 '이순신'은 이순신을, 그리고 '세종'은 세종을 성공적으로 가리키는 일이 어떻게 가능할까?

대다수 철학자는 그 이유를 우리가 쓰는 '세종대왕'이라는 고유명사를 600여 년 전에 살았던 세종에게까지 연결해주는 (보이지 않는) 인과적-역사적 고리가 존재하기 때문이라고 본다. 14세기 말 세종의 부모가 태어난 셋째 아들을 '세종'으로 명명命名했을 것이다(세종의 실제 이름은 '이도李祹'다. 승하 후 '세종'이라는 묘호廟號를 붙였다). 그 이름은 사람에서 사람으로 인과의 고리를 통해 전달

되었고, 그 이후 역사적으로 연결된 고리를 통해 600여 년이 더 지난 오늘날 우리에게까지 전해졌다. 그래서 우리가 '세종'이라는 이름을 말할 때마다 그 이름은 이 인과적-역사적으로 형성된 고리를 따라 600여 년 전에 태어난 사람에게 이어져 그를 지칭하게 된다.

그런데 위의 외국인과 마찬가지로 우리가 혹시 세종을 왜적을 무찌른 이순신과 혼동하면서 '세종'이라는 단어를 언급하더라도, '세종'과 관련된 인과 고리는 이순신이 아니라 역사상의 세종으로 연결된다. 다시 말해, 그 단어 '세종'은 세종을 가리키지 이순신을 지칭하지 않는다. 이 통찰은 우리에게 대단히 중요하다. 우리가 마음속에서 왜적을 무찌른 장군을 떠올리더라도 우리 마음만으로는 마음속 장군을 역사상의 이순신으로 연결할 수 없다. 그런 연결은 오직 '세종'이라는 단어가 사용되는 마음 밖 사회와 역사 안에 존재하는 인과 고리를 통해야 가능하다. 그런데 '세종'은 이순신이 아니라 세종과 역사적 인과적으로 연결되어 있다. 그래서 마음이 원하는 바가 아니라 마음 밖에 존재하는 이런 고리에 의해 마음이 사용하는 단어의 지시체가 결정된다.

우리 마음은 한평생 수많은 이름을 다루고 언급한

다. 그러나 앞에서 살펴보았듯이, 그런 이름은 마음 자체가 아니라 마음이 속한 사회와 역사와 같은 환경에 의해서만 그 지시하는 기능을 발휘하게 된다. 마음이 환경과 독립되어 그 자체로 할 수 있는 일은 우리 생각보다 훨씬 적은 것 같다. 어쩌면 전혀 없을지도 모른다.

언어노동의 분업

앞에서 우리는 마음속에 있는 고유명사의 지시체가 마음에 의해 정해지지 않고 그 고유명사가 사용되는 환경적 요소에 의해 결정되는 과정을 살펴보았다. 철학에는 고유명사뿐 아니라 보통명사의 지시체와 의미도 마음이 아니라 그 마음이 소속한 언어공동체 전체의 분업에 의해 결정된다는 논의가 있다. 예를 들어 그 논의를 살펴보겠다.

미국 동부 오래된 도시에는 느릅나무길Elm Street과 너도밤나무길Beech Street이라는 이름이 흔하다. 아마도 그쪽 지방에 흔했던 나무 이름을 따와 길 이름을 붙여서 그럴 것이다. 수백 년 전 농사를 지으며 나무들과 가까이하는 삶을 살았던 당시 사람들은 분명 느릅나무와 너도밤나무를 구별할 수 있었을 게다. 요즘 한국이나 미국 대도

시에 사는 사람은 거의 모두 이 두 나무를 구분하지 못한다. 그러나 우리는 '느릅나무'와 '너도밤나무'라는 말을 아무 불편 없이 사용하며 의사소통한다. 우리는 이 두 나무를 찾아 구별하지 못하면서도 '느릅나무'와 '너도밤나무'가 무엇을 의미하는지에 대해 이견이 없다. 이것이 어떻게 가능할까?

우리 사회에는 느릅나무와 너도밤나무를 구별할 줄 아는 식물학자 같은 전문가 집단이 있다. 이런 전문가들의 도움으로 우리의 의사소통이 가능하다. 원래 '느릅나무'와 '너도밤나무'라는 말도 이 두 종류의 나무를 구분할 수 있는 사람에 의해 사용되다가 그 말이 같은 언어공동체의 다른 사람들에게로 퍼져나갔다. 그러다가 결국 이 두 나무를 보지도 못한 사람들에게도 이 말이 전달되었다. 이들은 마치 자신들이 두 나무를 아는 것처럼 그 이름들을 사용하곤 한다. 그렇지만 아무 문제가 없다. 그 이유는 이 나무 이름 사용과 관련된 연결의 고리들이 사람에서 사람을 거쳐 결국 전문가들에게까지 연결되기 때문이다. 이 전문가들이 우리의 올바른 언어사용을 책임져준다. 그래서 우리는 보통명사의 정확한 의미나 그 지시대상에 대한 뚜렷한 지식이 없어도 그 단어를 제대로 사용하는 데 불편이 없다. 나무뿐 아니라 우리가 일상에서 사용하는 'DNA' '메모리칩' '정의正義'와 같은 다른 보통명사도 마찬가지다.

사회에는 언어노동의 분업이 이루어져 있고, 이런 전문가들의 분업이 우리의 풍요로운 언어생활을 가능케 한다. 여기서 주목할 부분은, 내가 쓰는 말의 의미와 지시체는 그 말을 사용하는 내 마음속에서 내적內的으로 정해지지 않고 내가 속한 언어공동체 안의 전문가 집단에 의해 외적外的으로 결정된다는 통찰이다. 마음에서 가장 중요한 요소는 그 의식상태가 어떤 내용을 담고 있는가이다. 그런데 지금까지의 논의에 의하면, 의식의 내용이 내 마음이 아니라 내가 속한 언어공동체의 다른 사람들과의 관계에 의해 정해진다. 그렇다면 다시금 물어야 한다. 내 마음이 품고 있는 생각의 내용이 내 마음이 아니라 내 마음 밖 사람들에 의해 결정된다면, 내 마음의 경계선은 어디란 말인가? 만약 경계선을 정할 수 없다면 나를 나이게끔 만들어 준다는 내 마음의 실재 또한 확보할 수 없다.

설상가상으로 이런 언어노동의 분업이 존재하지 않

을 때조차도 내 마음의 내용이 나에 의해 결정되지 않는다는 좀 더 심각한 문제가 있다. 다시 말해, 다른 사람이 존재하지 않아도 내 의식의 내용은 나 밖의 환경에 의해 정해진다. 이어서 살펴보겠다.

환경과 분리될 수 없는 마음

지구상의 70%를 가득 채우고 있는 무색무취의 투명한 액체를 한반도 사람들은 오래전부터 '물'이라고 불러 왔다. 자연과학은 물이 H_2O의 분자구조로 되어있다고 밝혀냈는데, 15세기 조선에 살던 돌쇠는 이에 대한 아무 지식 없이 그저 목마르면 물을 마시며 살았다. 돌쇠가 비록 물이 H_2O 분자로 이루어져 있다는 사실을 몰랐지만, 돌쇠가 마음속에서 물을 찾으면 그는 H_2O를 찾는 것이었다. 왜냐하면 그의 주위 환경에 있던 모든 물은 H_2O라는 분자구조로 되어있었기 때문이다. 돌쇠가 주막에 가서 '주모, 여기 물 한 사발 주시오'라고 부탁하면, 주모는 H_2O 분자가 가득한 사발을 가져왔다.

그런데 어느 날 공상과학 영화처럼 지구를 지나가던 짓궂은 외계인이 돌쇠를 납치해 수만 광년 떨어진 행성으로 데려가 혼자 놓아두고 떠나 버렸다. 이 행성은 외

견상 지구와 똑같은 자연환경을 가지고 있어서, 생활력이 강했던 돌쇠는 혼자서도 이곳에 적응하며 생존해 나갔다. 이 행성도 지구의 물과 똑같이 무색무취의 투명한 액체가 호수와 강을 가득 채우고 있었고, 돌쇠는 그것을 마시며 갈증을 달랬다. 그 액체는 모든 면에서 지구의 물과 동일한 현상적 특성과 기능을 가지고 있었다. 홀로 남겨진 돌쇠는 먹을 것 먹고 마실 것 마시며 꿋꿋이 살아나갔다.

그런데 이 행성에는 돌쇠가 꿈에도 생각하지 못했던 차이가 있었다. 돌쇠가 목마를 때마다 물이라고 찾는 투명한 액체는 실은 H_2O가 아니라 XYZ라는 전혀 다른 분자구조를 가진 물질이었다. 지구에 있을 때 돌쇠가 마음속에 떠올리며 찾았던 물은 H_2O였는데, 이 다른 행성에서 그가 찾는 물(?)은 XYZ의 분자구조를 가진 전혀 다른 물질이었다. 돌쇠의 마음속에는 '물'이라는 단어와 연결되어 떠오르는 무색무취의 투명한 액체가 있는데, 그의 의식상태는 지구에서나 이 행성에서나 동일하다. 그런데 그 의식의 내용은 지구에서는 H_2O이고 새 행성에서는 XYZ이다. 이런 차이를 돌쇠가 의도적으로 만들어 낸 것은 물론 아니었고, 단지 그가 처한 각각의 자연환경에서 그의 의식내용이 관계를 맺게 된 상이한 물질에 따라 차이가 생긴 것이었다.

위의 논의는 의식 또는 심리 상태의 내용이 환경과의 공간적 관계에 의해 결정된다는 점을 보여준다. 물뿐만 아니라 존재하는 것 모두에 대해 같은 구조의 논의가 적용될 것임은 자명하다. 결국, 마음의 내용은 마음이 아니라 마음을 둘러싸고 있는 자연 및 사회 환경에 의해 결정된다. 그래서 고유한 자성을 가지고 존재한다는 마음의 경계를 정할 수 없다. 그런데 경계가 없는 것은 실재한다고 보기도 어렵다. 그래서 내 마음은 분명한 테두리를 가지고 실재하지 못한다. 실재하지도 못하는 마음이 나를 나이게끔 해 줄 수 없다.

한편 좀 다른 각도의 논의가 되겠지만, 4.1절에서 논의한 털 하나 없는 몸의 예와 비교하며 내가 가진 마음의 수를 헤아려 보아도 몸의 예와 동일한 구조의 문제에 직면하게 된다. 마음이 실재한다고 해 보자. 이 가정 위에 이름 하나 더 또는 덜 기억하고 있는 마음, 생각 하나 더 또는 덜 하는 마음, 수학 문제 하나 더 또는 덜 풀

줄 아는 마음, 기억 한 조각만 다른 마음 등을 모두 고려한다면, 나는 수없이 많은 마음을 가지고 있다는 엉뚱한 결론에 이르게 되고 만다. 앞에서는 마음의 경계를 정할 수 없어서 문제라고 논의했는데, 이제는 마음이 몇 개인지도 결정할 수 없다는 곤란한 지경까지 이르렀다. 이제 독자와 나는 마음이 진정으로 존재한다고 볼 수는 없다는 결론을 내려야 할 것 같다. 마음은 실재하지 않는다.

4. 3
실재하지 않는 나

진정한 나 또는 참나가 존재하지 않는다고 증명할 수 있는 철학 논증은 무수히 많다. 그래서 이 4장에서 필자는 논의의 폭을 좁혀 초점을 맞추기 위해 내가 실재한다면 상식적으로 나는 몸과 마음을 가지고 존재하는 무엇이라고 전제하고 논의를 시작했다. 그리고는 원칙적으로 몸과 마음이 자성을 가지고 실재한다면 그것들과 그것들이 아닌 것들의 차이가 분명해야 하는데, 실제로는 각각의 경계를 정할 수 없음을 보였다. 그럼으로써 몸도 마음도 실재하는 무엇이 될 수 없다고 논의했다. 이런 과정을 통해 나 또한 실재할 수 없다는 점을 현대철학의 힘을 빌려 논증했다. 즉, 철학도 무아가 진리라고 말하고 있다.

5

어떤 주제를 잘 논의하기 위해서는 반드시 가능한 반론을 고려해야 한다. 반론이 없는 논의는 실은 논의가 아니고, 질문을 허용하지 않는 정치가의 연설이나 종교 사제의 설교에 불과하다. 생산적인 논의가 되기 어려워 지적으로는 재미없다. 연설이나 설교에 하품이 쉽게 나오는 이유가 달리 없다.

그런데 필자는 지금까지 독자에게 무아가 진리라고 줄기차게 떠들어오기만 했다. 이제는 무아가 헛소리라고 주장하는 반대 논의도 진지하게 고려할 때가 되었다. 그래야 이 책에서도 한국 사회의 화두인 '공정'을 구현할 수 있을 것이기 때문이다. 생각해 볼 수 있는 반론은 가능하면 최고로 강력한 힘을 가진 논증으로 뽑아야 한다. 그리고는 무아의 가르침이 이 가장 강한 반대 논증조차도 때려눕힐 수 있는 최고의 진리라는 점을 증명해야 한다. 그러면 그만큼 강력하지 못한 나머지 다른 모든 반대 논증을 자동으로 무력화시킬 수 있다. 적장과 겨뤄 이기면 그의 병사들이 모두 함께 항복하는 것과 같은 이치다. 필자는 그런 강력한 두 적수로 (1) '나는 생각한다, 그러므로 나는 존재한다'라는 데카르트의 철학과 (2) '전체는 부분 이상이다'라는 인류의 오랜 지혜(오해?)를 선택하기로 한다.

5.1

데카르트의 도전

이 책을 읽고 있는 독자처럼 예외적인 경우를 제외하면, 철학이 사람들에게 인기 있던 적은 별로 없다. 역사상 언제나 그래왔다. 서양철학의 시조라는 소크라테스는 당시 정치가들의 위선을 폭로하고 도전한 죄(?)로 독배를 마시고 처형당했다. 철학은 이처럼 태생적으로 무엇이든지 의심하고 도전하기를 멈추지 않는다. 철학도가 연애에 성공하거나 직장을 잘 잡기 어려운 이유가 달리 어디 있겠는가. 누구라도 자신이 하는 말 한마디 한마디를 모두 따지면서 그 진위眞僞를 평가하고 의심의 눈초리를 거두지 않는 사람을 좋아하기 어려우므로 그렇다.

이렇게 보면 '이 뭐꼬' 화두를 질끈 깨물고 의심을 일으켜 정진하는 불교의 출가 수행자들은 형편이 나은 것 같다. 연애도 직장도 신경 쓸 필요 없어 좋은데, 매일같이 의심으로 정진하면 많은 이들이 칭송하며 격려의 박수를 보내주니 말이다. 의심하는 작업을 기왕이면 박수까지 받으며 계속하려면, 필자도 다음 생에는 철학 교수보다 출가 수행자가 되어야 할 것 같다.

만약 수천 년 동안 모든 것을 의심해 온 서양철학이 의심의 여지를 남기지 않는 진리라고 인정하는 단 하나가 있다면 그것은 데카르트의 '나는 생각한다, 그러므로 나는 존재한다'라는 명제다. 철학은 자연과학의 학문적 기반을 의심하고, 수학이나 논리학마저도 절대적인 진리가 아니라고 평가절하한다. 철학의 날카로운 칼을 피할 수 있는 학문은 하나도 없다. 그런데도 서양철학은 데카르트가 증명한 '나의 존재'는 의심의 여지 없는 절대불변의 진리라고 받아들인다.

만약 이 서양철학이 옳다면, '나의 존재'를 부정하는 무아를 가르치는 불교는 올바른 가르침의 체계가 아니게 된다. 그래서 필자는 개인적으로 데카르트의 철학이 무아론의 가장 강력한 적수라고 생각한다. 실은 한국 불교계 일부의 참나주의자들이 사용하는 '의심하는 그

놈, 생각하는 바로 그놈'이 참나라는 주장은 데카르트의 철학과 그다지 다를 바가 없다. 그래서 더욱 그럴듯하게 들리겠지만.

철학자인 데카르트René Descartes(1596~1650)가 모든 것을 의심한 과정은 대단히 인상적이다. 그는 젊은 시절부터 오랫동안 그가 학교에서 배워 온 내용 가운데 의심의 여지를 허용하지 않는 절대적인 진리가 1도 없다는 점이 언제나 불만이었다(철학자는 대체로 완벽주의자다). 그는 어떤 의심도 불가능한 확실한 진리를 찾기 원했다. 그래서 나이가 충분히 들어 더는 미룰 수 없다고 느끼게 된 어느 날, 드디어 팔걸이 의자에 앉아 깊은 명상을 시작했다. 그는 의심할 수 있는 모든 것을 다 의심해 보고, 의심의 여지를 조금이라도 남기는 것은 확실한 진리가 아닌 것으로 제쳐 두기로 했다. 이렇게 의심을 통한 제거 작업을 모두 거친 다음에도 살아남는 진리가 있다면 그것은 절대적으로 확실한 진리일 것이다. 데카르트는 이 절대 진리를 철학의 제1원리로 삼아 그 위에 모든 지식의 체계를 다시 세우려 했다.

그런데 인류가 축적해 온 지식의 양은 방대하다. 모

든 지식을 한 조각 한 조각씩 의심하면서 제거해 나가다가는 한 생이 아니라 수많은 생이 다하더라도 그 작업을 끝맺을 수 없다. 그래서 똑똑한 데카르트는 현명한 방법을 사용한다. 그는 수없이 많은 개개의 지식이 아니라 지식을 몇 가지 종류로 나누고, 각 종류의 지식을 구성하는 원리 자체를 비판적으로 검토하는 방법을 택한다. 그래서 만약 한 종류의 지식을 만들어 내는 원리에 의심의 여지가 있다면, 그 원리를 통해 획득된 지식도 모두 의심스러운 것으로 간주한다. 그리고 의심스러운 것은 확실한 진리가 아닌 것으로 일단 폐기한다. 철학자를 뜻하는 'philosopher'는 원래 '지혜를 사랑하는 자'라는 뜻인데, 데카르트는 정말 지혜로운 방법을 썼다.

데카르트의 끝없는 회의懷疑의 첫째 희생자는 경험을 통해 획득한 지식이다. 오늘날 우리 자연과학은 대부분 실험과 관찰로, 즉 경험을 통해 진행된다. 그런데 만약 감각을 통한 우리의 경험 자체가 철저히 믿을 만하지 못해 오류를 일으킨다면, 이런 경험을 통해 얻은 지식은 모두 의심의 여지가 있다고 판단해야 한다. 상식적으로 우리는 감각을 그다지 신뢰하지 않는다. 고전적인 예로, 황달 환자에게는 모든 것이 노랗게 보이는데, 그렇다고 세상 모든 것이 노랗지는 않다. 추운 겨울에 밖에서 꽁꽁 언 손을 집 안에서 찬물로 씻으면 그 찬물이 미지근하다고 착각하게 된다. 어릴 적 한없이 크게만 보이던 나무가 성인이 되어 보면 만만한 크기의 작은 나무에 불과하기도 하다. 이처럼 우리의 오감五感은 믿을 만하지 못하기 때문에 감각을 통해 얻은 지식 또한 신뢰할 수 없다. 그래서 만약 데카르트가 오늘날 그의 철학적 작업을 진행한다면, 실험과 관찰을 토대로 하는 자연과학으로 축적된 지식을 의심의 여지가 많다며 확실한 진리의 영역에서 제거할 것이다.

그렇다면 오감을 통하지 않고 얻는 지식은 확실할까? 예를 들어 우리는 눈을 감고 침대에 누워있어도 팔과 다리 등 우리 몸 부분 부분이 어디에 있는지 그냥 안다. 이런 종류의 지식은 그런대로 받아들일 수 있지 않을까? – 그렇지 않다. 예나 지금이나 전쟁터에서 팔다리를 잃은 불행한 군인들이 있는데, 이들 가운데는 수십 년 전에 잃은 팔이 아프다며 통증을 호소하는 사람들이 있다. 소위 환상통증phantom pain이라는 현상이다. 이들은 더 이상 존재하지도 않는 팔에서 통증을 경험한다. 그렇다면 팔다리를 잃은 적이 없는 사람들도 그들의 느낌만으로는 팔다리의 존재를 확신할 수 없다는 말이 된다. 그래서 우리가 오감을 통하지 않고 아는 우리 몸의 존재나 그 상태에 대한 지식 또한 전적으로 신뢰할 수 없다. 이런 지식도 확실한 진리의 영역에서 제거해야 한다.

필자는 필자가 현재 컴퓨터 앞에 앉아서 손가락으로 자판을 두드리며 이 책을 쓰고 있다는 사실이 분명하다고 생각한다. 보통 우리는 이런 사실을 일부러 의심하지는 않는다. 그러나 데카르트라면 필자가 실은 침대 위에서 곤히 자면서 이 책을 쓰고 있다는 꿈을 꾸고 있을지도 모른다고 반박한다. 요즈음은 꿈과 현실이 구분되기 어렵다는 주제로 만들어진 영화도 많아서, 독자도 데카르트와 마찬가지로 이런 의심이 가능하다고 볼 수 있겠다. 그런데 우리는 데카르트에게 꿈속에서조차 의심할 수 없는 수학이나 논리학의 진리가 존재하지 않느냐고 반문할 수 있다. 그러나 데카르트는 우리가 꿈에서도 의심하지 않을 '1+2 =3'이라는 등식도, 실은 '1+2 =5'가 진리인데 굉장한 힘을 가진 어떤 악마가 그의 온 힘을 다해 모든 인류를 속여서 '1+2 =3'을 진리라고 믿게 하고 있는지도 모른다고 의심한다. 그래서 그는 수학이나 논리학의 지식마저도 확실하지 않다고 판단한다. 모르고 보면 병적으로 의심이 많아 보이지만, 실은 철학적으로 완벽함을 도모하다 보니 그렇게 되었다. 이처럼 데카르트는 지식을 산출하는 원리에 대한 비판을 통해 알려진 모든 지식을 의심의 여지를 허용하지 않는 진리의 영역에서 제거한다.

그런데 여기서 반전이 일어난다. 그는 악마에게 끊임없이 기만당하고 있을 수 있다. 그러나 그가 기만당하고 있을 수 있다고 의심하는 한, 그는 분명히 존재한다. 그가 존재하지 않는다면, 기만당할 수도 또 그럴 수 있다고 의심할 수도 없을 것이기 때문이다. 의심하는 한, 즉 생각하는 한 그는 확실히 존재한다. 그래서 데카르트는 '나는 생각한다, 그러므로 나는 존재한다'라는 명제를 결코 의심할 수 없는 불변의 절대 진리로 받아들인다. 그리고 그것을 철학의 제1원리로 간주하며 모든 지식의 체계를 쌓아 올릴 기반으로 정초定礎한다. 실제로 데카르트는 '나의 존재'를 바탕으로 신의 존재를 증명한다. (감

히 '나의 존재' 증명을 논리적으로 신의 존재 증명보다 앞세운 셈이니, 그가 당시 교회의 핍박을 피해 네덜란드로 피신해 살 수밖에 없었던 이유를 알 것 같다.) 그리고 더 나아가 신의 존재 증명을 통해 나머지 세계의 존재도 나름대로 증명한다.

그런데 데카르트가 받아들인 절대 진리로서의 '생각하는 나의 존재'는 불교의 가르침 '무아無我'에 정면으로 배치된다. 존재하지 않는다면 생각할 수도 없기 때문에, 생각하는 나의 존재는 논리적으로 반드시 선행되어야 한다. 직관적으로 일리 있는 주장이 아닐 수 없다. 그렇다면 서양철학자의 절대다수가 받아들이는 이 진리(?)의 도전에 무아를 가르치는 불교는 어떻게 대응해야 할까? 앞에서도 언급했지만, 필자는 데카르트의 철학이 불교의 무아론에 대한 가장 강력한 도전이라고 생각한다. 그리고 실은 한국불교계 일부에서도 데카르트와 같은 논증을 바탕으로 참나의 존재를 그릇되게 주장해 왔는데, 이는 붓다의 가르침에 대한 정면 도전이다. 독자가 불자라면 이 도전을 어떻게 받아들이겠는가?

불교에 대한 철학의 도전은 불교를 지지하는 다른

철학으로 제압하면 된다. 일종의 이이제이以夷制夷라고 나 할까. 필자는 불어와 라틴어를 사용했던 데카르트의 도전을 현재 영어권 나라의 주류철학인 분석철학에서 선호하는 방법론으로 물리쳐 보겠다. 분석철학analytic philosophy은 상대방의 주장을 분석한(쪼갠) 다음 하나씩 격파해 나가는 것을 장기로 하고 있다. 말하자면, 분열시켜서 파괴하는 방식이다.

우리는 먼저 '나는 생각한다, 그러므로 나는 존재한다'에서 이 '생각'이 무엇인지를 살펴보아야 한다. 데카르트는 이 '생각'에 좁은 의미의 사고思考뿐만 아니라 감정, 믿음, 의지, 희망, 추론 등 모든 종류의 의식작용을 다 포함시켰다. 말하자면, 의식의 다양한 모든 작용을 묶어서 '생각'이라고 표현했다. 그런데 이 유명한 명제에서 데카르트가 분명히 설명하지 않고 얼버무린 채 남겨놓은 부분이 있다.

(1) 고정불변한 영혼 또는 마음이 (그는 '영혼'과 '마음'이라는 말을 번갈아 썼다) 기체基體(substrate)로서 존재하고, 그것이 바로 나이고, 또 그것이 생각을 진행한다는 말인가?
아니면

(2) 그렇게 독립적인 기체로서의 실체는 존재하지 않지만, '생각함' 자체가 독립적으로 존재하는 나라는 말인가?

필자는 데카르트가 분명히 하지 않은 이 문제를 분석하여 선명히 만들어 놓으면, 데카르트의 '나의 존재' 증명이 성공하지 못함을 논증해 보일 수 있다고 생각한다.

(1) 나 또는 내 마음은 사고, 희망, 의심, 갈망 등 작용하는 모든 종류의 의식이 자리 잡고 있는 기체라고 해석할 수 있다. 실제로 데카르트는 그의 책 구절에서 이런 견해를 피력하고 있다. 그런데 이것은 논리학에서 경고하는 선결문제 요구의 오류를 범하는 주장이다. 왜냐하면 '그러면 그런 기체라는 것은 정말 존재하고, 또 존재한다면 그것은 도대체 무엇인가?'라는 선결해 놓았어야 할 문제에 답하지 않은 채, 마치 그런 기체의 존재가 확실한 것처럼 가정하고 주장을 전개했기 때문이다. 데카르트 자신은 그런 기체가 무엇인가를 설명하기 어렵다면서도 그것이 존재한다고 주장한다.

그런 기체는 무엇인가? 스스로는 아무런 속성도 없지만, 다른 모든 속성이 그곳에 자리 잡게 한다는 기체는 과연 무엇일까? 아무런 속성이 없다면서 다른 속성들이 자리 잡게 한다니, 그러면 다른 속성을 자리 잡게 하는 속성은 있다는 말인가? 이 질문들 어느 하나에도 답변이 어렵다. 흄이 로크의 견해를 비판하면서 쓴 표현처럼, 이런 기체는 '불가해한 괴물' 같은 것일 뿐이다. 그래서 그런 것이 존재한다고 인정하기가 어렵다.

(2) 나를 존재할 수 있게 하는 것이 '생각함' 그 자체라면, 즉 생각함 자체가 바로 나라면, 생각함은 나를 언제 어디서나 동일한 나이게끔 하는 고정불변한 무엇이어야 한다. 그렇지 않다면 필자가 지금까지 독자와 함께 논의한 '나의 존재'에 대한 정의定義를 충족시키지 못한다. 그런데 생각함이 과연 그렇게 고정불변한 것인가? 데카르트의 생각함은 사고 작용뿐 아니라 감정, 감각, 의지 등 의식의 다양한 분야를 총망라한다. 그런데 이 각 종류의 의식작용과 그 내용은 끊임없이 변한다. 어느 것 하나 변치 않고 그대로 머물러 있지 않다. 그래서 생각함 그 자체도 쉼 없이 변한다. 무상하다. 생각함이 이렇게 무상하다면 나 또한 끊임없이 변하여 무상하다는 말인데, 이것은 고정불변하다는 '나의 존재'와는 정반대의

이야기다. 따라서 생각함은 진정한 나일 수 없다.

이 5.1절에서의 논의를 요약하자면, 데카르트는 생각함이 나오는 기반 또는 기체로서의 '나의 존재'를 증명한 적이 없다. 또 생각함 그 자체는 다양한 의식이 끊임없이 변화하는 과정이기 때문에 고정불변의 '나의 존재'와는 거리가 멀어도 한참 멀다. 그래서 데카르트는 '나의 존재'의 증명에 성공하지 못했다. 서양철학의 가장 강력한 적수도 불교의 무아론을 반박할 수 없다.

5. 2

나는 이 몸과 마음이 합친 전체와 아무 관련 없다

앞에서 철학이 제공할 수 있는 가장 강력한 반박도 무아론을 논파할 수 없음을 살펴보았다. 그러면 이제 우리 일상의 상식에서 나오기 때문에 오히려 설득력이 더 있을 반론을 고려해 보겠다. 우리의 가장 단순한 상식으로 볼 때, 나는 나의 몸과 마음이 합쳐진 전체다. 이 전체가 바로 나다. 뭐 더 특별히 대단한 것을 기대할 필요가 있는가? 이 책의 첫 부분부터 우리는 '나의 존재'는 고정불변한 무엇으로서 어떤 굉장한 것인 양 정의하고 논의를 전개해 왔다. 그러나 바쁜 일상을 사는 우리 대다수는 그런 심오한(?) 논의에 귀를 기울일 만큼 한가하지 않다. 나는 그저 이 몸과 이 마음이 합쳐진 전체일 뿐이다!

평생 직업으로 미국대학에서 철학을 가르쳐 온 필자는 그동안의 경험을 통해, 많은 경우 복잡한 이론보다는 단순한 이론이 진리에 가깝고, 또 삶의 문제에 관해서는 박사학위를 가진 교수보다 젊은 대학생이 더 건전한 판단을 내리곤 하는 것을 반복해서 확인해 왔다. 그런데 좀 실망스럽겠지만, '나는 이 몸과 마음이 합쳐진 전체'라는 우리의 상식은 진리에 가까운 지혜가 아니다. 뒤에서 곧 논의하겠지만, 부분들이 존재하더라도 전체whole는 실재實在하지 않기 때문이다. 실재하지도 않는 전체로서의 내가 존재할 수는 없는 노릇이다.

게다가 일상을 사는 우리는 '전체는 부분의 합 이상'이라는 소리를 귀가 따갑게 들어왔고, 또 그런 경험을 많이 해 왔다고 믿고 있다. 어렸을 때 읽은 동화책에서도 '한 사람이 못 드는 물건도 여럿이 모이면 들 수 있고, 하나씩 부러뜨릴 수 있는 막대기도 여러 개를 묶으면 부러뜨릴 수 없다' 같은 주제가 인기 있었다. 전체는 부분 하나하나가 할 수 없는 일을 이룰 수 있다는 말이다. 그런데 요즈음은 더 나아가서, 부분이 모이면 부분들에서는 존재하지 않던 새로운 속성이 창발emergence한다고까지 주장하는 사람들이 꽤 있다.

예를 들어, 생명 없는 분자들이 많이 모이면 어느 순간 신비롭게도 생명체가 탄생한다. 산소 분자와 수소 분자가 결합하면 우리의 갈증을 풀어주는 물이 탄생한다. 들을 때마다 신기하고 근사하다. 그래서 어떤 이들은 우리 몸과 마음의 부분 부분이 모인 전체는 신비하게도 새로운 존재자를 창조해 내는데 이것이 바로 나의 존재라고 믿기도 한다. 그런데 다시 한번 실망스럽겠지만, 진리는 이처럼 멋지지 않다. 진리는 주로 무미건조하고 부드럽지 않으며 때론 냉담하다. 불교의 가르침도 예외가 아니다. 불교는 전체가 부분의 합 이상이 아니라고 할 뿐만 아니라, 전체의 실재實在 자체를 부정한다.

불교의 초기경전에는 말이 끄는 전차chariot를 예로 들면서, 전차라는 전체는 실재하지 않고 단지 '전차'라는 이름 또는 지시어만 존재한다고 논의하고 있다. 이 경전에 의하면, 전차의 바퀴, 축, 널빤지, 깃대 등 많은 부품 가운데 그 어느 하나도 전차가 될 수 없다. 그 어떤 부품도 전차의 본질을 가지고 있지 않다. 그러므로 부품 또는 부분이 모두 모여 전체를 이루더라도, 원래 없던 전차의 본질이 새로 생겨날 수는 없다. 무無에서 유有가 나올 수 없기 때문에 그렇다. 그리고 여러 부품이 모여 '전차'라고 불리게 된 이 전체에도 전차의 본질이 없으므로 이 전체는 전차로서 실재하지 않는다. 전차를 전차로 만들어 주는 전차의 본질 없이는 전차로 실재할 수 없기 때문이다. 초기경전은 '전차'는 이렇게 부품들이 특정한 방식으로 연결된 상태를 가리키는 이름에 불과할 뿐이라고 가르친다.

위의 논증을 좀 달리 이해할 수도 있겠다. 전체로서의 전차는 어떻게 그 기능을 수행하는가? 전차의 모든 기능은 그 전차를 이루는 부분들과 그것들의 연결 상태를 통해 이루어진다. 말하자면, 전체가 하는 일은 모두 부분들이 도맡아서 한다. 그러므로 전체는 독자적으로 하는 일이 아무것도 없는 이름뿐인 존재에 불과하다. 우리는 하는 일이 없는 것을 굳이 이 세계에 실재한다고 인정해 줄 이유가 없다. 복잡한 이 세계에 불필요한 존재자를 더 들여놓고 싶지 않기 때문이기도 하다. 그래서 전체는 실체가 없는 그냥 허구fiction이고, 허깨비이며, 일종의 환상이다. 전체는 실재하지 않는다. 불교에서는 대승 전통에 이르러서도 집합체로서의 전체가 자성을 가질 수 없어 공하기 때문에 실재하지 않는다는 또 다른 논증이 전개된다.

한편 우리와는 달리 서양에는 전체가 허구라는 점을 강조하는 일상의 이야기들이 있다. 사람들은 전체가 실재한다고 가정하면 엉뚱한 결론에 이른다는 이야기를 주고받으며 함께 웃곤 한다. 예를 들어, 제니의 책상은 네 다리 하나하나의 무게가 2kg이고 위의 널빤지는 12kg이라고 해 보자. 이 다섯 부분을 합치면 20kg이 된다. 전체로서의 책상도 물론 20kg이 나간다. 그런데 만약 부분들을 합친 것(20kg)과 별도로 전체로서의 책상(20kg)이 실재한다면, 제니가 쓰는 책상은 두 무게를 합쳐서 40kg이 나가야 한다. 그러나 우리는 제니의 책상이 20kg만 나간다는 사실을 안다. 그래서 전체로서의 책상과 단지 연결된 부분들의 모임인 것, 이 둘 가운데 하나는 실재하지 않아야 옳다. 어느 것이 허구일까? 책상은 부분들 없이 존재할 수 없지만, 부분들 하나하나는 전체 책상이 완성되기 전에도 존재하기 때문에, 우리는 전체가 실재하지 않는다고 판단해야 한다. 그래서 전체가 허구라고 결론 내려야 한다.

붓다는 우리 개개인이 몸과 네 가지 종류의 의식이

모인 묶음이라고 가르쳤다. 그런데 과거에도 그랬고 또 지금도 이 색수상행식 오온을 부분으로 하여 생겨난 전체가 바로 나라고 생각하려는 노력들이 있다. 그러나 우리는 이미 앞에서 부분들이 실재하더라도 그것들이 모인 전체는 실제로 존재하지 않는 허구요, 허깨비이며, 환상이어서 단지 이름에 불과할 뿐이라는 논의를 충분히 살펴보았다. 그래서 몸과 네 가지 의식이 합친 전체로서의 나 또한 실재하지 않는 허구라고 결론 내려야 한다. 오온이 모인 전체로서의 나의 존재는 허구다.

불교사에는 이미 초기불교부터 '전체는 실재하지 않는 허구'라는 논증이 엄연히 존재해 왔다. 그런데 현재 한국불교계에는 엉뚱하게도 전체가 실재할 뿐 아니라 전체는 부분들의 합 이상이고 또 부분들에서는 존재하지 않는 속성이 새로 생겨난다는 창발론創發論이 많은 주목을 받고 있다. 이들이 옳다면, 나는 색수상행식 오온이 창발해 새로이 생겨난 신비한 존재자라고까지 생각할 수 있게 된다. 엉터리 같은 소리지만, 신기하고 재밌는 것을 좋아해 쉽게 믿는 사람들이 언제나 있다. 그러나 진리는 그렇게 재밌고 신나지 않다.

20세기 초반 영국에서 흥기한 창발론의 요점은 다음과 같다. 물이 수소 원자 둘과 산소 원자 하나가 결합해 있는 H_2O의 분자구조를 가졌다는 점은 이미 오래전에 밝혀졌다. 그런데 그 당시 창발론자들은 우리가 수소 원자와 산소 원자의 구조와 속성을 모두 알아도 이것들이 결합하여 만들어진 전체로서의 물 분자가 갖는 속성, 즉 투명하고 무색·무취·무미이며 우리의 갈증을 해소해주는 속성을 예측할 수는 없다고 주장했다. 그들에 의하면 이런 속성은 수소 원자나 산소 원자의 속성과는 독립적으로, 전체로서의 물 분자가 창발한 새로운 속성이다. 이런 속성은 그 이전에는 존재하지 않았기 때문에, 이 속성의 창발은 존재세계에 이루어진 순증가net addition라고 주장되었다. 창발론자들은 물뿐만 아니라 자연계와 우주의 수많은 현상에도 동일한 논의가 적용된다고 주장해 왔다.

하지만 물을 예로 든 창발론자들의 논의가 오류임이 밝혀지는 데는 그리 오래 걸리지 않았다. 현대과학은 수소 원자와 산소 원자의 구조를 더 알아내어 그것들이 물 분자로 결합하는 방식으로부터 물 분자가 빛을 투과시켜 투명하게 보이는 메커니즘을 밝혀냈다. 말하자면, 수소와 산소에 대한 지식이 충분해지니까 그것들이 결합해 생기는 물 분자의 속성도 알 수 있게 된 것이다. 한편 물이 무색·무취·무미이며 우리의 갈증을 해소하는 속성을 새로 가진다는 창발론의 주장도 문제투성이다. 우리와 감각기관이 다른 외계인에게 물은 무색·무취·무미가 아닐 수 있으며, 그들의 갈증을 해소하는 대신 생명을 빼앗는 독이 될 수도 있다. 이처럼 창발되었다는 무색·무취·무미 및 갈증 해소의 속성은 객관적으로 실재하는 것이 아니다. 이 모두는 물 분자와 인간의 감각기관 및 의식의 상호작용으로부터 나온 산물이고, 이렇게 인과와 관련된 연기의 과정을 통해 나온 결과물은 모두 자성이 없어 공함을 우리는 이미 이 책의 3.2절 〈연기로부터의 논증〉에서 살펴보았다. 그런 속성은 모두 공하여 실재하지 않는다.

이제 이번 절의 주제인 '나는 이 몸과 마음이 합친 전체와 아무 관련 없다'의 의미가 분명해졌으리라고 생각한다. 진정으로 내가 존재한다면 그 존재는 이 몸과 마음을 부분으로 해서 합쳐진 전체일 수 없다. 왜냐하면 부분이 모인 전체는 실재하지 않는 허구일 뿐이기 때문이다. 더욱이 나의 존재가, 실재하지도 않는 전체가 새로이 창발한 어떤 신비한 것일 수도 없다. 이런 존재가 있다는 주장은 마치 허공에서 꽃이 피어난다는 말이나 마찬가지다. 진정한 나의 존재는 여러 부분이 모인 전체와 관련이 없다.

다시 나를 찾아서

6

동아시아 불교에서는 흔히 '붓다의 길을 따르는 일은 진정한 나를 찾아 나서는 길'이라고 가르친다. 독자도 가끔 들어보았을 법한 이야기다. 복잡다단한 사회생활 가운데 스스로의 중심을 잡기 어려운 현대인에게 매력적으로 다가오는 글귀다. 그래서인지 몰라도, 각양각색의 출재가 법사는 불교가 일반인에게 스스로의 참된 자아를 찾아 평온하고 행복한 일상을 영위하도록 도와준다고 광고하기도 한다.

그런데 붓다의 무아의 가르침을 터득한 이들은 진정한 나를 찾으려는 시도가, 실은 그러한 내가 존재하지 않는다는 점을 깨달으려는 노력임을 안다. 그리고 이러한 깨달음을 통해 나를 잊게 된다고도 이해한다. 막상 진정한 나를 찾으려 정진하다 보면 결국 처음부터 그렇게 찾아 나섰던 내가 실재한 적이 없었다고 깨치게 되기 때문이다. 나를 찾는 과정은 실은 나를 내려놓는 과정이다.

나의 존재를 내려놓는다고 함은 구체적으로는 내 몸과 마음을 내려놓는다는 말이겠다. 연기의 그물 안에 있어 끊임없이 변화하는 무상한 자연 세계의 일부인 이 몸이 불변의 나일 수는 없다. 그렇다고 해서 이런저런 조건에 의해 쉼 없이 변하는 이 마음이 고정된 나도 아니다. 만물이 수많은 조건으로 연결되어 끊임없이 변하는 이 무상한 세상에서 고정불변의 몸과 마음이란 불가능하다. 그래서 무아의 진리는 근본적으로 몸과 마음 모두 연기의 그물 안에서 이 세상 만물과 연결되어 함께 생멸生滅한다는 점을 깨달음으로써 체득하게 된다. 이런 깨달음을 통해 처음에 찾아 나섰던 '진정한 나'를 잊고 '나를 내려놓아' 연기하는 세상을 걸림 없이 받아들여야 붓다의 가르침을 올바로 따르는 길이다. 불도의 수행이란 무아와 연기를 깨달아 붓다의 길을 가는 일이다.

이번 마지막 장에서는 다음의 두 주제를 다루려 한다.

(1) 나를 내려놓고 무아를 받아들여야 헛된 욕망과 집착을 버리며 고뇌로부터 해방된다. 무아의 진리를 실천해야 스스로를 스스로로부터 해방시킨다. 이것이 해탈이고, 이것이 대자유로의 길이다. 무아의 가르침은 나를 나로부터 해방시켜 대자유를 얻으라는 가르침이다.

그런데

(2) 내가 무아를 통해 대자유를 얻어도 내가 소멸되지 않는다. 아뜨만이나 참나가 없더라도, 하나의 인격체로서 우리 일상을 사는 개인마저 없지는 않기 때문이다. 궁극적인 진리는 무아가 맞지만, 그렇다고 현실을 사는 우리가 일상의 편리를 위해 인격체로서의 개인의 존재마저 굳이 부정할 이유는 없다. 그런 의미에서의 나는 존재한다.

6.1
불교는 대자유의 가르침이다

불교는 우리를 어떤 가능한 굴레로부터도 해방시켜 전적으로 자유롭게 하려는 가르침이다. 붓다의 가르침을 따르는 이들은 계율을 지키며 참선 수행에 정진하고 또 경전을 읽고 토론하며 지혜를 얻고자 매진한다. 모든 불제자는 이번 생이 다하기 전에 성도成道하여 진리를 깨닫고, 모든 고뇌를 제거하여 해탈과 열반에 이르기 위해 그토록 매일같이 애쓰고 있다. 엄밀히 말해 해탈과 열반이 같지는 않다. '해탈moksha'이란 나고 죽는 윤회의 굴레로부터 해방됨을 의미하고, '열반nirvana'이란 모든 번뇌의 불길이 꺼져 고뇌로부터 전적으로 자유로운 상태를 뜻하기 때문이다. 그래서 이미 열반에 이르렀어도 수많은 중생을 구제하기 위해 아직 윤회에서 벗어나지 않는, 즉 해탈을 미루는 보살들도 있다. 그렇지만 해탈과 열반은 둘 다 윤회로부터의 해방과 고뇌에서 벗어남을 의미하기 때문에 모두 자유와 관련되어 있다. 붓다는 이와 같이 중생이 해탈과 열반이라는 대자유를 얻도록 가르치고 격려했으니, 이런 이유로 불교는 대자유의 가르침이라고 할 만하다.

불자佛子는 대자유를 획득하려고 정진한다. 불자에게는 이러한 자유로움이 바로 행복이다. 달리 무엇을 가지고 잘 누려야 행복하다고 여기지 않고, 고통스럽지만 않으면 삶이 행복하다. 행복에 대한 이토록 차분한 불교적 태도는 환희가 넘치는 상태로서의 적극적인(공격적인?) 행복을 추구하는 서구인의 자세와는 많이 다르다. 서구인에게는 자신의 존재를 꽉꽉 채워주는 영원·불변·불멸의 영혼이 있어야 한다. 그리고 그 영혼이 신에 의해 구원받아야 하고, 또 그 구원을 통해 지상과 천상 모두에서 매일같이 기쁨에 겨워 살아야 행복한 삶이다. 독자에게도 이미 익숙할 비유를 하나 들어 설명해 보겠다. 대다수 서구인은 캔버스에 여백을 남기지 않고 모두 물감으로 가득 채우는 그들의 유화油畫처럼 삶을 이것저것으로 잔뜩 채워야 그 충만함과 풍요로움을 즐길 수 있다고 본다. 사는 집도 벽을 비롯해 구석구석에 온갖 장식을 더해 빈 공간을 없애야 아늑하고 따뜻한 집이 된다고 믿는다. 말하자면, 그들은 '비어있어 자유로움'의 묘미를 잘 모른다.

불자라면 앞에서 열거한 서구적 굴레들에서 벗어나 자유로운 상태를 추구해야 자연스럽다. 하기야 처음부터 진정으로 자유롭고 싶은 사람이니까 불자의 길을 선택하기도 했을지도 모른다. 불자는 무아를 깨달아 영혼의 속박에서 벗어나 있고, 또 절대신을 인정하지 않으니 신으로부터도 자유롭다. 그래서 무상한 이 세상 만물과 거리가 너무도 멀기만 한, 영원·불변·불멸이라는 신과 영혼 때문에 위축될 일도 없다. 불자는 넘치는 환희에 겨운 행복보다는 단지 번뇌가 사라져 고통으로부터 자유로운 적정寂靜의 상태를 이상으로 삼는다. 불자는 여백이 많아 자유롭고 담백한 수묵화나 수채화가 더 좋고, 방마다 가득 찬 살림살이보다는 단순하고 소박한 하루가 더 편안하다. 불자에게는 충만한 행복보다는 비어있는 자유가 잘 어울린다.

독자가 혹시 불교에 익숙하지 않더라도 불교가 '중도中道'의 가르침이라는 말은 들어보았을 것이다. 중도란 원래 깨달음을 이루고자 수행하는 사람은 지나친 고행이나 그 반대의 나태한 수행을 모두 피해야 하며, 대신 이 양극단의 중간에서 적절한 정도로 수행에 임해야 한다는 붓다의 수행론이다. 필자는 이 중도를 수행에 있어서 양극단으로부터 벗어난 자유를 지향하라는 가르침으로 이해하기 좋아한다. 말하자면 '중도'의 '중中'을 '자유'라고도 해석한다. 붓다의 중도는 수행에서 어느 한 극단에 집착해 스스로 굴레를 씌우는 어리석음을 피해 이런 집착에서 벗어나 자유로워야 깨달을 수 있다는 지혜의 가르침이다. 중도의 지혜는 수행자를 자유롭게 한다.

필자는 지금까지 이 책에서 불교의 존재론을 진지하게 다뤄오지 않았지만, 중도의 진리가 단지 수행 방법론으로서의 가르침일 뿐만 아니라 사물의 존재 방식에 대한 통찰을 포함하고 있다는 점은 언급해야 할 것 같다. 대승 전통에 있어서 중도는, 주로 사물이 고정불변의 자성自性 또는 내적 본성을 가지고 상주常住하지 않지만, 그렇다고 그 반대로 전혀 존재하지 않아 단멸斷滅의 상태에 있는 것도 아니라는 진리를 말한다. 그래서 대승에 있어서 모든 존재자는 자성에 고착되어 고정불변하게 상주하는 답답함으로부터 자유롭고 또 그 반대로 절멸되어 허망한 단멸의 상태로부터도 벗어나 묘妙하게 존재한다. 중도는 존재의 자유를 말하기도 한다. 그리고 이와 같이 만물의 자유로운 존재 방식에 대한 이해가 우리를 깨달음으로 이끌어 준다.

불교에서 '깨달음'은 스스로와 세계에 관한 진리를 깨침으로부터 비롯되는데, 이 또한 근본적으로 자유에 대한 깨달음이다. 이 가운데서 스스로에 대한 진리를 먼저 논의하자면, 붓다는 '나를 나이게끔 하는 고정불변한 그 무엇'으로서의 자아나 영혼이 존재하지 않는다는 무아無我의 진리를 설파했다. 세계 주요 종교나 철학 가운데 불교만이 가진 유일한 통찰이다. 그 나머지는 모두 반대의 의견을 주장했다. 특히 서구인은 영원히 변하거나 파괴되지 않으면서 자신을 다른 모든 이와 구별되는 유일무이한 개체로 만든다는 자아나 영혼이 있다면서 뿌듯해한다. 어느 쪽이 옳을까? 이런 소위 형이상학적인 문제에 분명한 답을 내놓기는 어렵다. 종교의 사제들과 철학자들이 온 생을 걸고 수천 년 동안 논쟁을 진행했지만, 아직도 논쟁이 계속되고 있다. 앞으로도 계속될 것이다. 그래서 문제를 좀 바꾸어 다른 각도에서 다시 질문해 보자. 어느 쪽이 더 자유로운 삶을 지향하는 가르침일까?

함께 한번 생각해 보자. 스스로에게 고정불변한 뭔가가 있다면 과연 좋기만 할까? 예를 들어, 대부분의 사람은 평생 고정불변하게 똑같은 머리 모양을 하고 똑같은 음식만 먹으며 똑같은 옷만 입어야 한다면 참 답답하고 한심하여 그런 생활에서 탈출하고 싶어 할 것이다. 출가수행자들께는 죄송한 말씀이지만, 평생 똑같은 삭발을 하고 똑같은 채식을 하며 똑같은 색깔의 옷만 입을 자신이 없어서라도 출가를 결심하지 못하는 분들이 꽤 있을 것이다. 하물며, 우리에게 정말 고정불변한 자아나 영혼이 있어서 '진정한 나'는 영원토록 아무 변화 없이 살아야 한다면, 이 얼마나 갑갑할까? 요즈음은 '고통보다도 더 나쁜 것이 지루함boredom'이라는 말도 있는데, 어찌 보면 이런 답답함과 지루함이 최악의 고통일지도 모른다. 필자는 그런 자아나 영혼이라는 굴레로부터 자유로운 무아의 삶을 만끽할 수 있어서 좋기만 하다. 붓다의

무아 또한 자유의 가르침이다.

붓다는 또 만물이 조건에 의해 생성·지속·변화한다는 연기緣起의 가르침을 펴면서 만물이 끊임없이 변화한다고 가르쳤다. 연기의 가르침은 대승에서 만물에 대한 공空 사상으로 이어졌고, 대승은 이 세계가 만물이 자성에 꽉 붙잡혀 옴짝달싹하지 못하는 곳이 아니라고 주장한다. 만약 이 세계의 사물에 불변의 자성이 고착되어 있다면 아무런 변화도 일어나지 못할 텐데, 그러면 이 세계는 모든 것이 멈춰버린 죽은 세상이 되고 만다. 그렇지만 다행히 우리 사바세계는 만물이 조건에 의해 생멸한다는 연기법이 진리로 작동하고 있어 변화가 무쌍해 좋은 곳이다. 결코 멈춰져 죽은 곳이 아니다. 죽기는커녕 만물이 연기로 활발발하게 생동하는 곳이다. 사물이 조건에 의존해 생멸하다 보니 자성을 가질 수도 또 그럴 이유도 없어, 만물은 고착된 자성으로부터 자유롭다. 붓다의 연기와 대승의 공 역시 자유의 가르침이다.

이제 다시 서구인이 선호하는 행복관을 불교적으로 접근해 보자. 서양철학사에서 인기 있는 행복론은 고대

아리스토텔레스의 견해로부터 시작한다. 그는 개개인이 가진 잠재력을 충분히 발휘하고 실현하는 데서 오는 충족감을 행복으로 간주했다. 아리스토텔레스 이후 또 다른 하나의 영향력 있는 행복관은 근대 이후 공리주의자公理主義者들의 견해로, 그들은 육체 및 정신의 쾌락 또는 충족감을 행복으로 보았다. 이 두 견해 모두 우리의 의식을 충족감 또는 쾌락의 감각으로 채워야 행복하다고 생각했다.

언뜻 보기에 서구의 두 행복관은 그렇게 행복해지기가 어렵지 않다고 말하는 듯한데, 정말 그렇게 하기가 말처럼 쉬울까? 자신의 잠재력을 십분 실현하고 발휘하며 또 의식을 육체 및 정신적 쾌락으로 꽉꽉 채울 수 있는 사람이 지구상에 얼마나 있을까? 나머지 수많은 사람은 모두 불행하다는 말인가? 혹시 누군가 그렇게 행복을 만끽하며 살 수 있더라도, 만약 그의 의식이 아무런 빈자리도 없이 충족감과 쾌락으로 가득 채워져 있다면 좀 숨 막힐 듯 갑갑하지 않을까? 예를 들어 우리가 식사할 때 음식을 넘치게 먹기보다는 오히려 조금 모자라게 먹어야 가뿐하고 더 여유 있어 좋지 않을까? 글쎄, 서양인 대부분은 그리 생각하지 않는 것 같다.

필자는 '행복이란 불행하지 않은 상태'라고 종종 말해 왔다. 마치 논리를 이용한 말장난에 불과해 보일 수도 있지만, 그렇지 않다. 왜냐하면, 불행하지 않은 상태가 반드시 어떤 신나는 감각이 존재하는 황홀한 상태는 아니기 때문이다. 어느 정도 수준의 충족감과 제어 가능할 정도의 적절한 쾌락의 느낌으로 행복감이 들어 나쁠 이유는 없다. 그러나 필자는 그런 행복한 느낌이 들지는 않지만 그렇다고 불행하지도 않은, 그냥 담담한 상태 또한 불교에서는 행복으로 받아들일 만하다고 생각한다. 실은 그래야만 어떤 굉장한 잠재력 실현을 통해 얻는 신나는 만족감이나 자극적인 쾌락을 만끽하지 않더라도 충분히 행복한 사람들이 많다는 사실을 설명할 수 있겠다. 또 그래야만 불자들이 세속적 성공이나 쾌락에 대한 과도한 집착으로부터 자유로울 수도 있을 것이기 때문이다. 필자는 '불행으로부터 자유롭다'는 의미의 불교적 행복이 적극적으로 무엇인가가 충만해야 하는 서구식 행복보다 더 지혜로운 길이라고 생각한다. 불교적 행복관을 따르면 불행한 사람의 수가 훨씬 줄어든다.

마지막으로 열반에 대한 일반적인 오해를 짚어볼까

한다. 보통 열반을 어떤 극도의 환희 또는 열락悅樂의 상태로 표현하는 경우가 많은데, 이것은 아주 심각한 오해다. 열반은 굉장한 쾌락이나 희열을 느끼는 상태와는 아무런 관련이 없다. 열반nirvana은 원래 '번뇌의 불길이 꺼진 상태'를 의미한다. 이것은 번뇌가 없어져 고통으로부터 자유로운 상태를 의미할 뿐이다. 그게 열반이 의미하는 전부이다. 말하자면, 열반은 '불행하지 않은 상태'일 뿐이지 결코 극도의 즐거움을 의미하지 않는다. 열반이 불자들이 이루고자 원하는 행복의 목표라면, 그것은 필자가 앞에서 논의한 대로 '불행하지 않은 상태'로서의 행복이다. 그래서 열반이 무엇인가를 의미한다면, 그것은 모든 고통에서 벗어난 극도의 자유로움이다.

6. 2
개인 인격체로서의 나는 존재한다

이제 이 책의 논의를 마무리할 때가 되었다. 독자는 필자와 함께 이 책 전체를 통해 무아가 진리임을 보여주는 논증 과정을 검토해 보았다. 아뜨만이나 영혼 또는 참나 같은 추상적 대상의 존재 여부는 아무도 확정적으로 답하기 어렵지만, 지금까지 우리의 논의에 중대한 오류가 없었다면, 이렇게 꿈같이 굉장한 것들이 현실 세계에 존재할 리가 없다. 다시금 강조하지만, 진리는 그렇게 멋지고 신나지 않기 때문이다. 필자는 그래서 더 무아가 진리임이 분명하다고 본다. 게다가 무아의 진리는 우리를 이런 '굉장한' 것들로부터 해방시켜 대자유의 길로 인도한다. 무아는 자유의 가르침이다.

그런데 문제가 있다. 아뜨만이나 영혼이 존재하지 않는다면 이런 자유는 누구 또는 무엇의 자유인가? 이런 자유를 구가할 주체로서의 자아가 존재하지 않는다는 주장이 무아의 요점이 아니었던가? 그래서 무아의 진리는 결국 '나의 존재'를 제거해 완전히 소멸시켜 버리지 않는가? 하지만 앞에서 또 불교는 나를 포함한 모든 사물이 자성을 가지고 상주하지 않지만 그렇다고 아무것도 존재하지 않는 단멸의 상태도 아니라는 중도의 가르침이라고 논하지 않았던가? 그런데 '나의 존재'가 상주하지도 단멸하지도 않는다면, 이러한 나는 어떤 양상으로 존재하는가? 이 질문에 답하기 위해 앞으로 몇 가지 예를 들면서 불교의 진제眞諦(궁극적 진리)와 속제俗諦(세속적 또는 실용적 진리)의 구분을 소개하겠다.

우리는 앞에서 '전체'가 허구라는 점을 증명했다. 그런데 불교는 전체를 단지 허구라고 보며 버리지 않고, 오히려 '쓸모 있는 허구'로 받아들여 십분 활용한다. 예를 들어 독자가 타 보았을 수도 있는 보잉747 여객기를 마음속에 떠올려 보자. 이 거대한 비행기는 수백만 개의 부품으로 되어있다고 한다. 그런데 우리는 이미 전체로서의 비행기는 실재하지 않는다고 판단하고 있다. 그렇다면 우리는 비행기 전체를 가리켜야 할 때마다 그 부품 하나하나를 지칭하면서 '그 수백만 개의 부품들이 이러저러하게 연결된 물체'로 지칭해야 할 것 같다. 이렇게 하는 데는 아마도 최소한 수년은 걸릴 법하고, 만약 이래야만 한다면 아무도 비행기 표를 예약조차 할 수 없게 되고 항공 산업은 즉시 파산할 것이다. 전체가 실재하지 않는다는 철학의 진지한 결론을 융통성 없게 받아들이면 생길 수 있을 코미디 같은 이야기다.

우리 주위에 부분으로 이루어져 있지 않은 물건이 얼마나 있을까? 매일 쓰는 자동차, 컴퓨터, 휴대전화, 책상, 의자, 볼펜 등 수많은 물체가 모두 부분이 모여 만들어진 전체들이다. 우리가 일상에서 이 '허구들'을 지칭하기 위해 그것 각각의 부품들을 모두 나열하기는 전적으로 불가능하다. 실은 그렇게 나열할 필요를 느끼지도 않는다. 일상의 효율적인 의사소통을 위해 우리는 비행기와 컴퓨터 그리고 자동차 등 수많은 부품으로 이루어진 대상을 모두 각각 그냥 하나의 물체로 간주하면서 하나의 이름으로 가리킨다. 우리는 이런 일에 아주 익숙해 거의 아무런 실수도 하지 않으며 의사소통도 거의 언제나 성공적으로 이루어져 일상생활이 걸림 없이 진행된다. 불교에서는 이렇게 우리의 실천과 관련된 행위를 성공적으로 이끌어 주는 진리를 '속제'라고 부른다.

궁극적 관점에서 비행기나 자동차같이 부분들로 이루어진 전체가 실재하지 않는 허구라는 진리가 '진제'이다. 우리의 깨달음과 열반을 위해서는 이런 허구에 집착해서는 안 된다. 그러나 우리가 일상을 살아가기 위해서는 그 허구들이 실제로 존재한다고 간주하는 편이 실용적으로 필요하다. 말하자면 우리에게는 진제뿐 아니라 속제도 꼭 필요하다. 그렇지 않다면 비행기 표를 예약할 때 비행기를 언급할 수도 없고, 자동차를 사려 해도 그 자동차를 가리킬 수조차 없어 사지 못하게 된다. 그래서 여러 부분으로 이루어진 전체를 '쓸모 있는 허구'라고 볼 수 있다. 우리에게는 이런 쓸모 있는 허구가 아주 많이 필요하고, 또 실제로 우리는 그런 허구들을 언제 어디서나 잘 쓰고 있다.

필자가 전체를 쓸모 있는 허구로 보아야 한다는 관점을 도입한 이유는, 붓다가 나의 존재를 몸과 마음을 구성하는 다섯 부분이 모인 다발 또는 전체로 보았기 때문이다. 다섯 부분이 모인 전체로서의 나는 허구에 불과하다. 그런 의미에서 나는 실재하지 않는다. 궁극적인 진리의 관점에서 보자면, 즉 진제로서는 그렇다. 그러나 이 다섯 부분의 묶음으로서의 전체는 무척 쓸모 있는 허구다. 예를 들어 사람들은 필자를 '어이, 거기 이러저러하게 생긴 몸과 그러그러한 네 가지 의식상태의 묶음'이라고 부르지는 않는다. 그들은 필자를 하나의 개체, 한 명의 인격체로 생각하고 '홍창성'이라고 부른다. 한번 상상해 보시라. 어느 학교 담임 선생님이 학생들 출석을 확인할 때 각 학생을 이름으로 부르지 않고 각각을 색수상행식 오온의 묶음으로 풀어서 부른다면, 이것은 아주 웃기는 코미디의 소재가 될 것이다.

내가 비록 다섯 가지 부분의 묶음이고, 전체로서의 나는 궁극적으로 허구에 불과하지만(진제), 이 허구는 아주 쓸모 있는 허구이다(속제). 그래서 나는 아뜨만이나 영혼을 가지고 상주하지는 않지만(상주론 배격), 쓸모 있는 허구로는 약 80여 년 동안 묘하게 잘 살아 간다(단멸론 배격). 중도中道에 있는 나의 존재는 쓸모 있는 허구이다.

또 다른 각도에서도 '나의 존재'가 쓸모 있음을 보일 수 있다. 붓다는 우리 개개인을 색수상행식 각각이 끊임없이 변화하는 과정들의 묶음으로 보았다. 이 오온五蘊 다발은 시시각각 변화하여 순간마다 다른 다발이 된다. 그렇다면 오온이 모인 집합체 또는 전체로서의 나도 순간마다 다른 전체가 된다는 말이다. 그러면 이 전체라는 허구가 과연 얼마나 쓸모 있는 허구일지 의문이 들게 된다. 예를 들어, '홍창성'이라고 불리는 나는 몸과 네 가지 의식상태가 모인 전체이고, 따라서 허구이다. 그런데 이 허구는 그 부분이 끊임없이 변하기 때문에 그것도 끊임없이 변한다. 독자가 지금 '홍창성'이라고 부르는 사람과 5분 후에 '홍창성'이라고 부를 사람은 같은 부분을 가진 같은 사람이 아니다. 이는 심각한 문제다.

한번 생각해 보자. 여러분이 무상한 오온의 묶음이어서 오늘 잠자리에 들 독자와 내일 아침 일어날 독자가 같은 사람이 아니라면, 독자는 왜 오늘 피곤하고 힘든데 양치질하고 샤워하며 잠옷을 단정하게 입고 잠자리에 들어야 하나? 내일 아침 침대에서 기분 좋게 깨어날 다른 사람을 위해서? 또 독자는 지금 가지고 있는 돈을 모두 쓰며 현재의 순간을 만끽하지 않고 왜 미래에 은퇴할 전혀 다른 사람을 위해 아끼고 아끼며 연금을 부으려는가? 독자가 요즘 자격증 시험을 준비하고 있다면, 미래에 그 자격증을 거머쥘 다른 사람을 위해 왜 오늘도 밤잠을 설치며 공부해야 하는가? 무아와 무상의 진리를 가르치는 불교적 관점에서 이 질문들에 어떻게 답변해야 좋을까?

우리는 불교의 진제와 속제의 구분을 한 번 더 도입해 답변할 수 있다. 진제의 관점에서는 미래의 다른 사람을 위해 그렇게 현재를 희생하는 행위를 정당화시키기 어렵다. 무아와 무상이 궁극적 진리인데, 전혀 다른 오온의 묶음이 될 것을 알고 있으면서 현재를 희생하라고 요구하기는 쉽지 않다. 그러나 속제의 관점에서는 이야기가 전혀 다르다. 우리는 일상에서 우리가 개인 인격체로 존재한다고 믿는다. 인격체로서의 우리는 각각 약 80년 정도 변하지 않는 동일한 인격체로 살아간다고 믿고 있다. 내가 동일한 인격체로 계속 존재하기 때문에 내일 아침에 기분 좋게 일어나려고 오늘 밤 피곤을 무릅쓰고 이를 닦고 샤워한다. 같은 인격체로 존속한다고 믿기 때문에 수개월 또는 수년 뒤에야 받아 쥘 자격증을 위해 오늘도 밤늦도록 공부하고, 또 수십 년 후에 받을 연금을 위해 아끼며 꾸준히 저축해 나간다. 따지고 보면 미래의 나와 현재의 나는 인과적 역사적으로 연결되기 때문에, 미래의 '나'라는 인격체의 더 나은 삶을 가장 잘 도모할 수 있는 사람도 현재의 나다. 그래서 내가 미래의 나를 위해 투자하는 선택이 정당화된다.

불교의 속제의 관점에서는 동일한 인격체로서 오랜 시간 존재하는 나에 대한 믿음이 그 실용성에 의해 정당화된다. 앞에서 예를 통해 보았듯이, 그런 믿음이 있기에 우리 모두의 일상이 걸림 없이 진행되고 또 우리의 미래가 더 좋은 미래가 될 수 있다. 그래서 속제가 정당화시켜주는 개인 인격체로서의 나는 분명히 존재한다. 그런데 우리는 이런 속제를 받아들이면서도 우리 개개인이 궁극적으로는 아뜨만 또는 영혼이 없는, 즉 공한 인격체라는 점을 잊지 말아야 한다. 우리는 공한 인격체로서 존재한다. 이것이 불교가 가르치는 내 존재의 양상이다.

필자가 2016년 초 한국불교계에서 진행되던 소위 '깨달음 논쟁'에 참가했을 때만 해도, 한국에서는 무아無我보다는 진아眞我 즉 참나의 존재를 주장하는 분들이 더 많았다. 서양에서 영어로 된 책들로 불교철학을 공부하며 붓다 생존 당시 브라만교가 설파한 아뜨만[我]의 존재를 부정하면서 제시한 그의 주장이 참나의 반대인 무아라고 읽고 이해했던 필자로서는 의아하기만 했다. 그런데 지난 수년 동안 필자뿐 아니라 다른 논사들도 계속 참나의 존재에 대한 반대 의견을 제시해 와서 그런지는 몰라도, 요즈음은 드러내 놓고 참나의 존재를 가르치는 분들은 상대적으로 적은 것 같다. 다행이다.

그런데 현재 불교계 일부에서는 '참나'란 실은 '무아'를 가르치기 위한 중간 단계로서, 수행자가 '참나'를 찾다 보면 결국 그것을 넘어 '무아'의 진리에 이르게 된다며 '참나'를 일종의 방편方便으로 보려 하는 듯하다. 개인적으로 필자는 불교 교리를 더 융통성 있게 해석할 수 있게 해 주고 또 자비 실천 수행 방식을 더 풍부하게 넓혀 주는 '방편'이라는 개념을 좋아한다. 이 편리한 도구는 불교를 더 재밌고 신나는 가르침의 체계로 만들어 준다. 그런데 우리가 방편을 지나치게 많이 쓰다 보면 붓다의 원래 가르침에서 너무 멀리 나가 결국 그의 가르침을 왜곡하게 될 수도 있다는 위험이 있다.

필자는 참나의 존재에 관한 주장이 방편일 뿐이어서 참나와 무아의 가르침이 결국은 동일한 견해라는 식의 주장은 곤란하다고 본다. 그 오랜 옛날 붓다는 분명히 아뜨만, 즉 참나가 존재하지 않는다는 무아의 진리를 설파하셨다. 사람들이 오늘날만큼 계명되지 않았던 때였음에도 불구하고, 붓다는 다른 어떤 방편이나 중간 단계의 가르침을 사용하지 않고 직접 무아를 논증하고 가르쳤다. 무아의 가르침은 그만큼 쉽고 직접적으로 이해할 수 있는 진리다. 이렇게 단순하고 투명한 진리인 무아를 잊고 있다가, 붓다가 분명히 반대한 브라만교의 아뜨만과 같은 참나의 존재를 그토록 오랫동안 가르치고 주장해 온 다음에, 최근 강력한 반대 논증에 직면하니까 또 '그냥 방편이었을 뿐'이라고 얼버무리며 피하는 것은 옳지 않다.

대승의 일부, 특히 동아시아 선문의 전통에서 진아, 즉 참나의 존재를 주장해 온 것은 역사적 사실이다. 여러 선사가 참나의 존재를 확신했고, 수행을 통해 그것을 찾음으로써 득도한다고 오해했다. 그러나 물론 일부에서는 참나를 찾아보았자 그것은 '마른 똥막대기'와 같은 것으로 취급해야 한다며 무아와 연결할 수 있는 가르침을 펴기도 했는데, 이런 경우는 상대적으로 적었다. 그래서 참나의 가르침과 무아의 가르침이 결국은 같다는 식의 주장은 지적知的으로 정직하지 않은 변명이다. 언제부터인지 몰라도 한국 사회에는 '진리는 하나로 통한다'라거나 '모든 종교는 같은 진리를 가르치고 추구한다'라는 말이 상식으로 받아들여져 온 것 같다. 화합과 조화를 중시하고 특히 회통會通 불교의 전통을 가진 불교계에서도 그리 믿는 분들이 꽤 있어 보인다. 그런데 서양에서는 이런 견해가 전혀 상식이 아니다. 가장 뚜렷한 반례로 유대교와 기독교 그리고 이슬람은 모두 같은 아브라함의 신을 믿지만, 각각 따르는 선지자가 다르다는 이유로 수천 년 동안 서로를 해치며 피를 흘려왔다. 실은 서로 많이 다르기 때문에 그토록 문제가 있었다. '모든 종교는 같은 진리를 추구한다'라는 시적詩的인 문장이 근사하게 들리기는 하지만, 그렇게 근사한 말이 옳기까지 하기는 쉽지 않다.

불교는 붓다의 무아의 가르침으로 세계 주요 종교 가운데 유일하게 자아와 영혼 그리고 참나의 존재를 부정한다. 우리에게는 그렇게 신비하고 굉장한 것이 없다. 그리고 불교는 만물이 독립적으로 존재할 수 없고 오직 조건에 의해서만 생성·지속·소멸한다는 붓다의 연기법을 기반으로 한다. 만약 절대자인 신이 실재한다면 그는 어떤 조건에 의존하지 않고 스스로 존재할 것이다. 그러나 붓다의 연기법에 의하면 그런 존재는 없다. 불교는 절대자로서의 신의 존재를 인정하지 않는다. 이 또한 세계 주요 종교 가운데 유일하게 불교만이 가진 가르침이다. '모든 종교의 가르침은 결국 하나다'라는 추상적인 주장은 듣기에는 근사하지만 따져보면 그 내용이 전혀 옳지 않다. 평생 철학을 연구해 온 필자는 내용을 상세히 논의하지 않고 얼버무리면서 말만 근사하게 만드는 주장들에 현혹되지 마실 것을 독자께 부탁드린다. 지금까지 읽어 주셔서 감사드린다.

無我